Facettes de la France Contemporaine

Lecture et Mise en Pratique

Livre 2

Hélène Mulphin
Jenny Ollerenshaw

Published by Advance Materials, 41 East Hatley, Sandy, Bedfordshire, SG19 3JA

www.advancematerials.co.uk

First published 2004

British Library Cataloguing-in-Publication Data

A catalogue record for this book is available from the British Library

Book and cover design by Glen Darby

Cover photograph by Jenny Ollerenshaw

Edited by Liz Rabone

ISBN 0 9532440 8 3

Contents

Overview

UNIT AND TOPIC	LANGUAGE
1 La publicité et les jeunes	Verbs followed by *à* or *de*
2 Les dangers de l'Internet	Relative pronouns *qui, que, ce qui, ce que, ceux/celles qui, ceux/celles que, auquel, à laquelle, auxquels, auxquelles, à qui*
3 L'estime de soi	Giving advice using the imperative and the infinitive in the affirmative and negative forms
4 Les changements apportés par les nouvelles technologies	The imperfect tense
5 L'énergie et le terrorisme	The use of the present participle as an alternative to *qui* + verb and the use of *en* + present participle to express simultaneous actions; formation of the present participle
6 Les risques pris par les jeunes	Word order with reflexive verbs in compound tenses
7 L'obésité en France	The language of statistics and surveys
8 L'importance du look pour les jeunes	The future tense as used after *si* + present and after *quand, dès que, aussitôt que* and *lorsque*

Acknowledgements

The publisher wishes to thank the following sources for their kind permission to reproduce copyright material.

Please note that every effort has been made to ensure that the website addresses given below are accurate and up-to-date. However such addresses and their content are subject to change.

Texts

Page 12: “Les enjeux particuliers pour les préadolescents et les adolescents”, © 2004 Réseau Éducation-Médias, Canada, www.education-medias.ca, (http://www.education-medias.ca/francais/parents/marketing/enjeux_ados_marketing.cfm)

Page 21: “Protégez votre vie privée sur l’Internet”, © Commissariat à la protection de la vie privée du Canada, www.privcom.gc.ca/, (http://www.privcom.gc.ca/fs-fi/02_05_d_13_f.asp)

Page 30: “Arrêtez de vous dévaloriser”, Marianne Chouchan, www.doctissimo.fr, (http://www.doctissimo.fr/html/psychologie/mag_2001/mag0518/ps_4029_devalorisation_stop.htm)

Page 43: “A quoi sert un pouce?”, Elisabeth Pabst, journaliste, 2004

Page 52: “Nucléaire. Une énergie discutée”, © Philippe Monges, Science et Vie Junior N° 152, p.64, mai 2002.

Page 60: “Pourquoi les jeunes ont-ils besoin de frissons de plus en plus forts?”, © Maxi N° 824 pages 9 et 10, août 2002.

Page 70: “Alerte! Entre surpoids et obésité, la population française est en danger!”, Elisabeth Pabst, journaliste, 2004

Page 79: “Un look d’enfer!”, Elisabeth Pabst, journaliste, 2004

Photographs

Page 12: Jenny Ollerenshaw

Page 21: Ingram Publishing

Page 30: Ingram Publishing

Page 43: Jenny Ollerenshaw

Page 44: Jenny Ollerenshaw

Page 60: Jenny Ollerenshaw

Page 71: www.bigfoto.com

Page 79: Ingram Publishing

Illustrations

Page 52: Glen Darby

Pages 81 & 87: Glen Darby

Teacher's introduction

The materials and how to use them

The photocopiable materials in this book are designed to complement existing course books by giving students extra practice in reading that requires no extra preparation on your part.

Each of the eight units represents a free-standing pack of work. The materials are designed so that you can use them as a self-access teaching tool, in the classroom or even as testing materials.

The units can be used in any sequence, although they appear roughly in order of difficulty. The topics are diverse and aim to illustrate a variety of points of view from different publications in French. Two of these are from Canadian sources but deal with issues that are relevant to France.

Self-access

Each unit is structured in such a way that it seeks to emulate a good teacher. It guides, supports and motivates the student while explaining, reminding, asking questions, giving feedback etc. Students can work at their own pace, learning from the materials and receiving useful feedback, support and teaching at every stage.

Simply photocopy a unit and the accompanying *Corrigés et Explications* section, and set it as private study or holiday work. Please make sure that the first time round all students have a copy of the **Student's introduction**, and also a copy of the **Help with the language of instructions**. Your only input will be to correct the final written essay that is set at the end of each unit, although students working on their own can, of course, compare their essay to the model essays supplied.

Classroom use

The units can also be used for whole-class reading and language exploitation activities without the *Corrigés et Explications* section, or with it, as an individual class activity, leaving you free to deal with individual problems related to other work.

Testing materials

Although these materials are designed principally as teaching tools, any of the units can easily be used for testing purposes. Just select the exercises that you want to use and allocate marks to each part of the question.

The pedagogical aims of the materials

The main aims of this book are:

- to provide students with a motivating and accessible way of learning to read longer texts in French;
- to train them to use general reading strategies;
- to widen their vocabulary and to encourage them in the systematic learning of vocabulary;
- to build their confidence in their own ability to tackle previously unseen texts;
- to increase learner autonomy.

The book also teaches students:

- to use form, structure and context to deduce meaning;
- to develop their awareness of word relationships;
- to re-use vocabulary and structures learned in different contexts;
- to consolidate their work at each stage by re-using and manipulating the material studied;
- to view reading texts not only as a source of information but also as a source of potential language for their own productive use;
- to understand issues affecting the modern Francophone world.

The teaching approach

Each unit begins with one of a series of vocabulary access activities that engage students actively in identifying and understanding the key words in the text. This provides a positive alternative to simply presenting them with a list of vocabulary or getting them to look up the words that they don't know. A variety of comprehension tasks follow which lead them to a full understanding of the text.

Each unit also goes on to look at some of the aspects of the language of the passage in more detail – highlighting points of grammar, style, vocabulary, linguistic function or structure.

Once the students have understood the text, they go on to exercises which encourage them to practise the vocabulary learned. Then the *Carnet de notes* exercise lists (or encourages students to find) phrases and link words that can be used in other contexts and are worth learning. The last exercise of each unit is a written activity that requires the students to review the content of the reading passage and to re-use the ideas, vocabulary and structures that they have studied to write a structured and coherent essay that reflects their own opinions.

The 'Corrigés et Explications'

Each unit has a *Corrigés et Explications* section which provides:

- the correct answers to each exercise
- explanations of why these particular answers were chosen as correct
- an indication of which part of the text the answer came from.

This section also provides a very motivating way for students to get to grips with longer texts, because they are supported throughout the learning process, with access to explanations and corrections at every step. Students need never feel that they have got irretrievably stuck.

For the essay-writing activities, a model is provided which students can compare with their own work. Highlighted in the model are the structures that the students were asked to include in their own essay and particular phrases that were drawn to their attention in the *Carnet de notes* section.

Student's introduction

The materials and how to use them

These materials are designed so that you can use them without your teacher. Each unit is self-contained, and the work centres around a written French text.

A series of step-by-step activities (*Exercices*) helps you to come to a full understanding of the text, while at the same time giving you the opportunity of learning and using new vocabulary and structures. By working through the units you will develop general reading strategies that will help you tackle new texts in French. Because the materials are designed to **help you learn**, rather than to **test** you, there are no marks allocated to any of the activities. You can evaluate your own learning by checking your answers against those provided.

Work through the activities in the order in which they are presented. It is important not to skip any of them, as each one plays a part in the overall understanding of the text, as well as giving you useful practice which will help your general language learning and your examination preparation in particular.

Once you have completed each activity, refer to the *Corrigés et Explications* section at the back of the unit, where you will find answers and comments on the activity and notes on certain difficulties that you may have encountered. Please don't be tempted to look at the *Corrigés et Explications* before you have had a good go at doing the task on your own. If you find that your own answer to a particular question is wrong, look at the explanation of why we chose the answer that we did, and go back to the text to find out where you went wrong. This is just as important a part of the learning process as doing the activity in the first place. Remember that the reason you are doing the work is so that **you** can improve your own understanding and use of French.

The materials also help you organise your learning by focusing on particular items of vocabulary and by encouraging you to use the text as a source for discovering, noting and learning words, phrases, link words etc. that you can then re-use in other contexts.

At the end of each unit you are asked to write an essay. Don't panic! If you have worked through all the exercises you should find it really easy, as you will have ideas, vocabulary, stuctures, phrases, and all you have to do is put them together. We hope that this final exercise will give you a lot of confidence in what you can do and help you when it comes to writing other essays. There is always a model essay given in the *Corrigés et Explications* section. Please don't look at it until you have written your own essay, but when you have, then study it carefully to see how you might have used the language that you have learned.

How the materials relate to your examination

Many of the activities used in this book are exactly the kind of questions that are set by the examining boards. By working through the exercises, you will be practising for the examination. Remember, too, that you need a wide vocabulary to gain a high mark in the examination, so take every opportunity afforded by the activities to increase your active and passive knowledge of French.

General strategies for reading texts in French

- Read the title, any sub-titles and the introductory paragraph first, and make sure that you understand them. They will put the text in context and give you some idea of what it is going to be about.
- Have a good look at any photos or illustrations that accompany the text, as they, too, will often give you vital clues to the content of the passage.
- Before trying to read the text in detail, skim through it quickly to get an initial idea of what it is about. Sometimes it is helpful to look first at the **nouns**. These often give valuable information about the content of a passage.
- Once you start reading the text in more detail, try to guess words that you don't know rather than reaching for your dictionary straight away. It is often possible to make an intelligent guess at the meaning of a word from the context and your own knowledge of the world. Don't forget, too, that many words in French have very similar English equivalents (called **cognates**), for example *inciter* (to incite) and *défaitisme* (defeatism). You will rightly have been warned about 'faux amis' in French – such as *éventuel,* which means 'possible', not 'eventual' – but there are far more cognates than 'faux amis', so it is always worth having a guess. Also try to be aware of prefixes and suffixes and their meanings, as they can often help in working out the meaning of words that initially seem unfamiliar.
- Only use your dictionary if you cannot work out the meaning of a key word, or if you have read the text and want to check whether you have guessed the meanings of some words correctly, or if you then want to expand your vocabulary by using the dictionary. In the examination, if you are allowed a dictionary, you will not have time to look up every word that you don't know, so it is worth building up the skill of working without one before that time comes!
- Use the structure of the text. Paragraphs usually contain and expand on distinct ideas. It is always useful to concentrate particularly on the first and last paragraphs, as they should contain the introduction and conclusion.
- Make sure that you are very familiar with the most common link words (e.g. *pourtant, malgré, en dépit de,* etc.). An understanding of these will provide you with vital clues to the way that the arguments in the text are structured and the way in which the writer's thoughts are organised.

Re-using what you have learned in your written work

The last task of each unit is a written activity based on the extract that you have read. It gives you the opportunity to reflect on what you have read, and to re-use vocabulary, phrases and structures that you have learned from the text. Before you set about writing your essay, read through the text again and make notes of the points that you would like to mention in your essay. You might also find it useful to note down key vocabulary and useful phrases and structures that you would like to re-use.

Once you start drafting your essay, however, put the original passage away so that you are not tempted to copy out great big chunks word for word. Now is the time to rely on the fact that you are familiar with the subject matter and have a good stock of key vocabulary and phrases at your disposal.

Don't forget that your own writing will flow much better and be much more structured if you make good use of link words that you know and have learned from the texts.

Bonne chance!

Help with the language of instructions

Below you will find listed some of the words and expressions used in the instructions to the materials with their English equivalents. The words in bold are listed in alphabetical order.

d'**abord**	first of all
à **l'aide de**	with the help of
d'**après** le texte	according to the text
faites **attention** à	pay attention to
avant de...	before...
à votre **avis**	in your opinion
ci-dessous	below
cochez	tick
la **colonne** (de gauche/de droite)	the (left-hand/right-hand) column
complétez	complete/fill out
qui **correspondent à**	which correspond to
corrigez	correct
dans le **désordre**	jumbled up
devinez	guess
vous **devriez** le trouver	you should find it
dites si les déclarations sont vraies ou fausses	say if the statements are true or false
dans l'**encadré**	in the box
trouvez l'**équivalent** français	find the equivalent in French
la bonne **fin**	the correct ending
comment ont été **formés**...?	how were ... formed?
inexact(e)	incorrect
intitulé	entitled/called
lisez le texte en entier	read the whole text
qui y sont **mentioné(e)s**	which are mentioned in it
modifiez	change
au **moins**	at least
les **mots de liaison**	link words
notez-les	make a note of them
de **nouveau**	again
dans l'**ordre** où ils apparaissent dans le texte	in the order in which they appear in the text
n'**oubliez** pas de...	don't forget to...

entre **parenthèses**	in brackets
rappelez-vous que…	remember that…
qui se **rapportent à**…	which relate to…
une **rédaction**	an essay
relisez le texte	read the text again
replacez … dans l'ordre	put … back in the right order
que **représentent**…?	what do… represent?
retournez à…	return to…
retrouvez	find
sans utiliser	without using
soulignez	underline
suivant(e)(s)	following
qui **suivent**	which follow
un **synonyme**	a synonym
tiré(e)(s) de…	taken from…
traduisez en	translate into
qui s'y **trouvent**	which are in it
en **utilisant**	using
utilisez	use
à **vous de**…	it's up to you... / you have to...

1 La publicité et les jeunes

ARTICLE

LES ENJEUX PARTICULIERS POUR LES PRÉADOLESCENTS ET LES ADOLESCENTS

Le marché des préadolescents

Définir le marché des préadolescents (8 à 12 ans) est l'une des plus récentes tendances dans le domaine de la publicité destinée aux enfants. N'étant plus de petits enfants et pas encore des adolescents, les préados commencent à développer leur identité et à accorder plus d'importance à l'image qu'ils projettent. Les spécialistes du marketing ont découvert qu'on peut faire beaucoup d'argent en traitant les préados comme des ados.

L'industrie du marketing incite les préados à grandir rapidement. Les études démontrent que les jeunes de 11 ans et plus ne se perçoivent plus comme des enfants. La Toy Manufacturers of America a rajusté son public cible: elle vise désormais les enfants de la naissance à 10 ans plutôt qu'à 14 ans.

En traitant les préadolescents comme des consommateurs indépendants et matures, les spécialistes du marketing ont réussi à éloigner les parents du tableau, ce qui rend les jeunes vulnérables à des messages potentiellement malsains sur l'image du corps, la sexualité, les relations et la violence.

Le marketing «cool» destiné aux adolescents

Les entreprises profitent des insécurités et des doutes qu'ont les adolescents sur eux-mêmes en leur faisant croire que pour être vraiment cool, ils doivent utiliser leurs produits.

Selon Naomi Klein, auteur de *No Logo – La tyrannie des marques*, les entreprises ont découvert au cours des années 90 que les jeunes étaient prêts à payer très cher pour avoir l'air cool. Ces dernières s'évertuent depuis à mieux cerner ce concept flou.

Certaines entreprises embauchent des «chasseurs de tendances cool» ou des «espions culturels» pour qu'ils infiltrent l'univers des ados et en ramènent les dernières tendances.

La colère, l'activisme et l'attitude des adolescents sont devenus des produits que les spécialistes du marketing assimilent, conditionnent et revendent. Il devient difficile de déterminer ce qui est apparu en premier: la culture adolescente ou la version de la culture adolescente mise en marché. Les médias reflètent-ils ce que sont les jeunes d'aujourd'hui ou ces derniers sont-ils influencés par les images des jeunes véhiculées dans les médias?

Il est important que les parents abordent ces sujets avec leurs adolescents et remettent en question les valeurs matérialistes véhiculées par les médias.

L'image du corps et la publicité

Il est difficile pour les adolescents de développer une saine attitude à l'endroit de la sexualité et de l'image du corps quand bon nombre des publicités qui leur sont destinées sont remplies de jeunes exceptionnellement minces, en forme, beaux et très attirants sexuellement. Le message sous-jacent est qu'il existe un lien entre le sex-appeal, la beauté physique, la popularité, le succès et le bonheur.

Les études démontrent que même s'ils puisent la plupart de leurs connaissances sur le sexe dans les médias (magazines, télévision, radio et cinéma), la majorité des adolescents déclarent que ce sont leurs parents qui influencent le plus leurs décisions dans ce domaine. Il est donc important que les parents insistent sur des pratiques sexuelles saines et dénoncent les images qui exploitent le corps.

Les images véhiculées par les médias peuvent inciter les jeunes à entretenir de la haine, voire de la répugnance, à l'égard de leur propre corps, ce qui peut conduire à des troubles alimentaires. Longtemps considéré comme un sujet typiquement féminin, l'image corporelle préoccupe de plus en plus les garçons et engendre chez eux aussi des troubles alimentaires. Un sondage réalisé par Santé Canada en 1998 sur la santé des jeunes Canadiens indique qu'en 10e année plus des trois quarts des filles et la moitié des garçons déclaraient ne pas aimer leur corps.

Les études ont également révélé que les garçons, tout comme les filles, pouvaient commencer à fumer dans l'espoir de perdre du poids.

Ces dernières s'évertuent depuis à mieux cerner ce concept flou Since then the latter (the companies) have been striving to define this vague concept better.

Exercice 1

Compréhension des mots-clés

Lisez le texte en entier sans utiliser de dictionnaire et trouvez l'équivalent français des mots et expressions suivants. Ils sont dans l'ordre où ils apparaissent dans le texte.

Le marché des préadolescents

1 intended for
2 to attach more importance to
3 show that
4 no longer see themselves as
5 has reassessed its target audience
6 is targetting
7 have succeeded in pushing parents out of the picture
8 unhealthy

Le marketing "cool" destiné aux adolescents

9 take advantage of
10 spies
11 bring back
12 sell on
13 the latter
14 broach

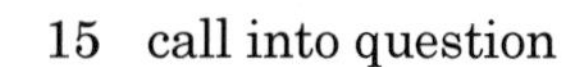

15 call into question
16 transmitted by

L'image du corps et de la publicité

17 healthy
18 with regard to
19 fit
20 underlying
21 to feel hatred... for
22 eating disorders

Exercice 2

Compréhension des mots-clés

Maintenant trouvez dans le texte l'équivalent français des synonymes suivants. Ils sont dans l'ordre où ils apparaissent dans le texte.

Le marché des préadolescents

1 parce qu'ils ne sont plus
2 les enfants de 8 à 12 ans
3 à partir de maintenant

L'image du corps et la publicité

4 obtiennent
5 et même
6 de leur corps
7 crée
8 aussi bien que

Exercice 3

Compréhension du texte

Relisez maintenant le texte en vous aidant du vocabulaire des exercices 1 et 2, et dites si les déclarations suivantes sont vraies ou fausses. Pour chaque déclaration soulignez la partie du texte où vous avez trouvé la réponse.

Le marché des préadolescents

1 On appelle "préado" tous les enfants de moins de 12 ans.

2 Les préados donnent déjà de l'importance à leur image.

3 Ceci peut rapporter beaucoup à l'industrie du look.

4 Parce que les préados ont toujours accordé de l'importance à leur image les spécialistes du marketing ont *toujours* gagné beaucoup d'argent avec eux.

5 D'après les recherches un jeune de 11 ans se voit encore comme un enfant.

6 Heureusement les parents ne sont pas totalement écartés par les spécialistes du marketing.

Le marketing 'cool' destiné aux adolescents

7 L'industrie vend ses produits aux jeunes en leur faisant penser qu'ils ne seraient pas cool s'ils ne les achetaient pas.

8 Dans les années 90 pourtant les jeunes ne voulaient pas dépenser beaucoup pour avoir l'air cool.

9 Il y a même des espions culturels qui font des rapports sur les préférences actuelles chez les ados.

10 Reste à savoir si c'est l'image mise sur le marché qui a précédé la culture adolescente, ou l'inverse.

L'image du corps et la publicité

11 Le message implicite de la publicité est que le bonheur dépend du look.

12 Les parents ont un grand rôle à jouer dans le domaine de la sexualité d'autant plus que c'est eux qui influencent les décisions des jeunes.

13 Autant les filles que les garçons peuvent être sujets à des troubles alimentaires s'ils n'aiment pas leur corps.

Observations linguistiques

Verbs followed by *de* or *à* + infinitive or noun

Some verbs or verb phrases in French are always followed by a particular preposition. In this text there are many examples of verbs followed by either *de* or *à* and a noun or an infinitive. These verbs are worth simply learning by heart with the preposition that follows them.

Here are some examples from the text for you to look at. You will see that in some cases there is no corresponding preposition in the English translation.

Les entreprises ***profitent des*** *insécurités et* ***des*** *doutes qu'ont les adolescents sur eux-mêmes*
Companies **take advantage of** the insecurities and (**of** the) doubts that adolescents have about themselves

(Note that in French you repeat the preposition when there is more than one noun or infinitive.)

Il devient difficile de *déterminer ce qui est apparu en premier*
It becomes difficult to tell what came first

... les préados ***commencent à*** *developper leur identité*
... preadolescents **are beginning to** develop their identity

... les spécialistes du marketing ***ont réussi à*** *éloigner les parents du tableau*
... marketing specialists have **succeeded in** pushing parents out of the picture

Here are some other examples of this type of verb and phrases found in the text:

Verb/verb phrase + *de*:

- *éloigner (quelqu'un) de* – to push (someone) away from, to alienate/ distance (someone) from
- *il est difficile de* + infinitive – it is difficult to
- *être rempli(e) de* + noun – to be full of

Verb/verb phrase + *à*:

- *être destiné(e) à* + noun – to be aimed at/intended for
- *accorder de l'importance à* + noun – to attach importance to
- *inciter (quelqu'un) à* + infinitive – to encourage (someone), to incite (someone) to
- *rendre (quelqu'un) vulnérable à* + noun – to make (someone) vulnerable to
- *faire croire à (quelqu'un) que* – to make (someone) believe that
- *être prêt(e) à* + infinitive – to be prepared to
- *s'évertuer à* + infinitive – to strive to
- *conduire à* + noun – to lead to

Here are some other common ones that are worth learning with the correct preposition.

Verb/verb phrase + *de*:

- *il est essentiel de* + infinitive – it is essential to
- *il suffit de* + infinitive – you only have to
- *être obligé(e) de* + infinitive – to be obliged to
- *avoir besoin de* + infinitive/noun – to need to
- *avoir honte de* + infinitive/noun – to be ashamed of
- *avoir peur de* + infinitive/noun – to be afraid of
- *se souvenir de* + infinitive/noun – to remember (to)
- *arrêter de* + infinitive – to stop
- *empêcher (quelqu'un) de* + infinitive – to stop someone from
- *persuader (quelqu'un) de* + infinitive – to persuade (someone) to
- *essayer de* + infinitive – to try to
- *tenter de* + infinitive – to try to
- *venir de* + infinitive – to have just
- *se méfier de* + noun – to be wary of
- *se servir de* + noun – to use

OBSERVATIONS LINGUISTIQUES

se moquer de + noun – to make fun of

se désintéresser de + noun – to lose interest in

bénéficier de + noun – to benefit from

discuter de + noun – to discuss

être conscient(e) de + noun – to be conscious of

Verb/verb phrase + *à*:

arriver à + infinitive – to manage to

chercher à + infinitive – to try to

encourager (quelqu'un) à + infinitive – to encourage (someone) to

obliger (quelqu'un) à + infinitive – to make (someone) (do something)

aider (quelqu'un) à + infinitive – to help (someone) to

s'habituer à + infinitive/noun – to get used to

s'intéresser à + infinitive/noun – to be interested in

téléphoner à + noun – to telephone

résister à + noun – to resist

être destiné à + noun – to be aimed at

être destiné à + infinitive – to be designed to

en vouloir à + noun – to bear a grudge against

apprendre (quelque chose) à (quelqu'un) – to teach (something) to (someone)

dire (quelque chose) à quelqu'un – to tell (something) to (someone)

payer (quelque chose) à (quelqu'un) – to buy (something) for (someone)

Exercice 4

Réutilisation de vocabulaire et de verbes suivis de 'de' et de 'à'

Traduisez les phrases suivantes en français. (Faites attention aux prépositions.)

1 Marketing encourages consumers to buy too many useless things.

2 Adverts on television have never succeeded in convincing me.

3 Industry takes advantage of young people's insecurity and persuades them to use cool products.

4 She strives to choose clothes which are expensive but she never looks elegant.

5 They're prepared to buy absolutely anything to follow the fashion.

6 It is difficult to know what preadolescents are thinking.

7 It's essential for parents to understand the influence of the media.

8 I don't attach any importance to fashion.

9 She takes advantage of her parents' kindness. They buy her whatever she wants.

10 You're starting to annoy me with your comments on what I'm wearing. I'll do what I like!

11 I can't manage to find clothes that are cool but not expensive.

Exercice 5

Réutilisation de vocabulaire et de verbes suivis de 'de' et de 'à'

Complétez le texte à l'aide des mots de l'encadré. Quand le verbe dans l'encadré est suivi du signe + vous devez rajouter la préposition correcte.

__________ ni de petits enfants ni de vrais adolescents, les préados __________ pourtant de l'importance à l'image qu'ils __________. De plus, l'industrie les __________ grandir le plus vite possible. Il semble que de nos jours ils __________ jouets après 10 ans plutôt qu'après 14 ans.

L'industrie __________ vendre ses produits __________ adolescents avec des publicités qui montrent des filles et des garçons très minces, beaux et sexy. Il est important que les jeunes __________ ces messages potentiellement malsains sur l'image de leur __________ et la sexualité en général.

Les études ont même révélé que __________ entreprises embauchent des __________ culturels, pour pénétrer l'univers des ados et rapporter les dernières __________. Mais __________ savoir si les médias reflètent une image correcte des jeunes ou si __________ se laissent influencer par cette image rapportée par __________.

se méfient + • incite + • cherche + • se désintéressent + • projettent • accordent • n'étant • il est difficile + • corps • espions • les médias • ces derniers • tendances • aux • bon nombre d'

Exercice 6

Carnet de notes

Trouvez dans le texte les mots de liaison et les expressions qui suivent et notez-les. Vous pourrez ensuite les réutiliser dans vos rédactions ou dans vos discussions en français:

les études démontrent que...	studies show that...
désormais	from now on
il est important que...	it is important that...
il est difficile pour... de...	it is difficult for... to...
bon nombre de	a good many
voire	or even
longtemps considéré comme un sujet...	long considered to be a ... subject
un sondage réalisé par... sur...	an opinion poll carried out by... on...
les études ont (également) révélé que...	studies have (also) revealed that...

Exercice 7

Passage à l'écrit

Ecrivez une rédaction de 200 à 300 mots pour expliquer deux façons opposées de percevoir l'influence de la publicité sur les préadolescents. Essayez de réutiliser le vocabulaire et les expressions que vous avez appris et utilisez au moins trois verbes suivis de 'à' ou de 'de'.

Corrigés et Explications

Exercice 1

Compréhension des mots-clés

Le marché des préadolescents

1 intended for – *destinée aux*

2 to attach more importance to – *accorder plus d'importance à*

3 show that – *démontrent que*

4 no longer see themselves as – *ne se perçoivent plus comme*

5 has reassessed its target audience – *a rajusté son public cible*

6 is targetting – *vise*

7 have succeeded in pushing parents out of the picture – *ont réussi à éloigner les parents du tableau*

8 unhealthy – *malsains*

Le marketing 'cool' destiné aux adolescents

9 take advantage of – *profitent des*

10 spies – *espions*

11 bring back – *ramènent*

12 sell on – *revendent*

13 the latter – *ces derniers*

Note: in paragraph 5 the feminine plural form *ces dernières* also appeared.

14 broach – *abordent*

15 call into question – *remettent en question*

16 transmitted by – *véhiculées par*

L'image du corps et de la publicité

17 healthy – *saine*

18 with regard to – *à l'endroit de*

19 fit – *en forme*

20 underlying – *sous-jacent*

21 to feel hatred... for – *entretenir de la haine... à l'égard de*

22 eating disorders – *troubles alimentaires*

Exercice 2

Compréhension des mots-clés

Le marché des préadolescents

1 parce qu'ils ne sont plus – n'étant plus

2 les enfants de 8 à 12 ans – les préados

3 à partir de maintenant – désormais

L'image du corps et la publicité

4 obtiennent – puisent

5 et même – voire

6 de leur corps – corporelle

7 crée – engendre

8 aussi bien que – tout comme

Exercice 3

Compréhension du texte

Le marché des préadolescents

1 FAUX. "...préadolescents (8 à 12 ans)"

2 VRAI. "les préados commencent à... accorder plus d'importance à l'image qu'ils projettent."

3 VRAI. "Les spécialistes du marketing ont découvert qu'on peut faire beaucoup d'argent en traitant les préados comme des ados."

4 FAUX. "...l'une des plus *récentes* tendances..."

5 FAUX. "Les études démontrent que les jeunes de 11 ans et plus ne se perçoivent plus comme des enfants."

6 FAUX. "...les spécialistes du marketing ont réussi à éloigner les parents du tableau"

Le marketing 'cool' destiné aux adolescents

7 VRAI. "... en leur faisant croire que pour être vraiment cool, ils doivent utiliser leurs produits."

8 FAUX. "... les entreprises ont découvert au cours des années 90 que les jeunes étaient prêts à payer très cher pour avoir l'air cool."

9 VRAI. "Certaines entreprises embauchent ... des «espions culturels» pour qu'ils infiltrent l'univers des ados et en ramènent les dernières tendances."

10 VRAI. "Il devient difficile de déterminer ce qui est apparu en premier: la culture adolescente ou la version de la culture adolescente mise en marché."

L'image du corps et la publicité

11 VRAI. "Le message sous-jacent est qu'il existe un lien entre le sex-appeal, la beauté physique, la popularité, le succès et le bonheur."

12 VRAI. "... la majorité des adolescents déclarent que ce sont leurs parents qui influencent le plus leurs décisions dans ce domaine. Il est donc important que les parents insistent sur des pratiques sexuelles saines et dénoncent les images qui exploitent le corps."

13 VRAI. "Longtemps considéré comme un sujet typiquement féminin, l'image corporelle préoccupe de plus en plus les garçons et engendre chez eux aussi des troubles alimentaires."

Exercice 4

Réutilisation de vocabulaire et de verbes suivis de 'de' et de 'à'

1 Le marketing **incite/encourage** les consommateurs **à** acheter trop de choses inutiles.

2 La publicité à la télévision n'a jamais **réussi à** me convaincre.

3 L'industrie **profite de** l'insécurité des jeunes et les **persuade d'**utiliser des produits cool.

Note: the adjective *cool* is invariable in French, that is, it does not take feminine or plural endings.

4 Elle **s'évertue à** choisir des vêtements qui coûtent cher mais elle n'a jamais l'air élégant.

Note: *élégant* is agreeing with the word *l'air*, which is masculine.

5 Ils **sont prêts à** acheter absolument n'importe quoi pour suivre la mode.

6 **Il est difficile de** savoir ce que pensent les préados.

Note: for stylistic elegance the verb *pensent* comes immediately after *ce que*. If you wrote *Il est difficile de savoir ce que les préados pensent* it is not wrong, but would be more typical of spoken than written language.

7 **Il est essentiel** pour les parents **de** comprendre l'influence des médias.

8 Je **n'accorde pas d'importance à** la mode.

9 Elle **profite de** la gentillesse de ses parents. Ils lui achètent tout ce qu'elle veut.

10 Tu **commences à** m'énerver avec tes remarques sur ce que je porte. Je fais ce que je veux!

Note: the French use the present tense here.

11 Je **n'arrive pas** à trouver des vêtements cool mais pas chers.

Exercice 5

Réutilisation de vocabulaire et de verbes suivis de 'de' et de 'à'

N'étant ni de petits enfants ni de vrais adolescents, les préados **accordent** pourtant de l'importance à l'image qu'ils **projettent**. De plus, l'industrie les **incite à** grandir le plus vite possible. Il semble que de nos jours ils **se désintéressent des** jouets après 10 ans plutôt qu'après 14 ans.

L'industrie **cherche à** vendre ses produits **aux** adolescents avec des publicités qui montrent des filles et des garçons très minces, beaux et sexy. Il est important que les jeunes **se méfient de** ces messages potentiellement malsains sur l'image de leur **corps** et la sexualité en général.

Les études ont même révélé que **bon nombre d'**entreprises embauchent des **espions** culturels, pour pénétrer l'univers des ados et rapporter les dernières **tendances**. Mais **il est difficile de** savoir si les médias reflètent une image correcte des jeunes ou si **ces derniers** se laissent influencer par cette image rapportée par **les médias.**

Exercice 7

Passage à l'écrit

This model essay is one example of the way that you might have tackled this task. No doubt your own essay will be very different. Read this one carefully, note how the vocabulary and expressions that you worked on in the unit have been re-used and make a note of any useful phrases that would have made your own essay better. You were asked to include some verbs followed by *à* or *de*. The ones we used are shown in bold type, as are a couple of the expressions given in the *Carnet de notes* section.

Certains disent qu'on devrait interdire la publicité **destinée aux** préadolescents parce que ces derniers sont trop jeunes pour **résister aux** stratégies sophistiquées du marketing. Ils prétendent que l'industrie exploite ces préados en les persuadant que pour être acceptés par leurs amis et pour avoir l'air 'cool' **il est essentiel d**'acheter des produits de marque. Plus dangereux encore, on peut les **inciter à** développer une attitude malsaine envers leur corps et leur sexualité. Les études démontrent que bon nombre de préados (garçons et filles) entretiennent maintenant de la haine à l'égard de leur corps, et ceci à cause des images véhiculées par les médias.

D'autres disent que l'on s'inquiète trop en ce qui concerne ce genre de publicité. Les préados de nos jours **sont** tout à fait **conscients de** l'intention de la publicité et savent très bien distinguer entre la réalité et l'image artificielle véhiculée par les médias. On constate même que la plupart des jeunes de cet âge **se moquent des** publicités et **des** procédés utilisés par les médias pour **essayer de** les influencer. De plus, **les études ont révélé que**, loin d'être influencés par la publicité et les médias, la plupart des préados **accordent** beaucoup plus d'attention **aux** opinions de leurs parents.

2 Les dangers de l'Internet

PROTÉGEZ VOTRE VIE PRIVÉE SUR L'INTERNET

Naviguer sur le Net peut être une expérience agréable et instructive.

Le courrier électronique (courriel) est une excellente façon de demeurer en contact avec votre famille et vos amis. Les groupes de bavardage sur l'Internet (groupes de clavardage) et de discussion vous permettent d'échanger vos idées avec des personnes qui partagent vos intérêts.

La plupart des gens sont au courant des avantages de l'Internet. Moins nombreux sont ceux qui connaissent la menace que représente l'Internet pour la vie privée et les mesures que chacun peut prendre pour protéger sa vie privée dans le cyberespace.

Groupes de clavardage, de discussion et de nouvelles

Ce qui peut arriver:

Si vous fréquentez des groupes de clavardage, vos messages peuvent être conservés indéfiniment, et n'importe qui – du simple curieux à l'éventuel employeur – peut en obtenir une copie. Il est également possible d'identifier les groupes de clavardage ou de discussion que vous fréquentez, et les groupes de nouvelles auxquels vous avez un abonnement. Le simple nom de ces groupes peut en dire long sur vous.

Ce que vous pouvez faire:

- N'utilisez pas votre vrai nom quand vous fréquentez des groupes de clavardage ou de discussion.
- Faites attention. En général, pensez que vos communications sur l'Internet ne sont pas confidentielles, sauf si elles sont chiffrées.
- Certains des groupes qui conservent vos vieux messages vous permettent de les effacer. Faites-le!

ARTICLE

Courriel

Ce qui peut arriver:

La quantité de courriels publicitaires non sollicités que vous recevez après avoir navigué sur le Web peut être agaçante, mais ces «pourriels» ne sont que la preuve la plus évidente que votre vie privée est attaquée.

Chaque courriel que vous envoyez ou recevez peut être intercepté, lu et même modifié en cours de route par à peu près n'importe qui, de votre fournisseur de services Internet à la police.

Et il est possible de lire vos anciens messages, même effacés, sur le disque dur de votre ordinateur ou de celui de quelqu'un d'autre.

Un étranger peut même envoyer des courriels en utilisant votre nom et en profiter pour exprimer ses opinions ou commander des produits dans votre dos, en vous laissant tous les problèmes qui pourraient survenir.

Ce que vous pouvez faire:

- Considérez les courriels comme des cartes postales, des messages non confidentiels que n'importe qui peut lire ou communiquer à n'importe qui. Si vous voulez que vos courriels restent confidentiels, installez sur votre ordinateur un logiciel qui vous permettra de transformer (chiffrer) vos messages en quelque chose de complètement illisible pour tout le monde, sauf vous et la personne à qui vous écrivez.
- Envoyez vos messages par l'intermédiaire de postes anonymes, des entreprises qui retirent de vos messages tout renseignement permettant de vous identifier avant de les envoyer à leurs destinataires.
- Utilisez un logiciel de courriel qui vous permet de contrôler qui peut lire les messages que vous envoyez, et pendant combien de temps.
- Demandez à votre fournisseur de services Internet d'effacer les pourriels avant que vous ne les receviez. Il en passera probablement encore quelques-uns; si c'est le cas, effacez ces messages sans y répondre.
- Beaucoup de pourriels vous offrent l'option «Retirez-moi de votre liste». **Ne le faites pas!** En répondant au message, vous confirmez la validité de votre adresse électronique, et les gens qui vous ont envoyé ce pourriel pourront vendre votre adresse à encore plus d'annonceurs.

http://www.privcom.gc.ca/fs-fi/02_05_d_13_f.asp

Exercice 1

Compréhension des mots-clés

Lisez le texte en entier sans utiliser de dictionnaire et trouvez l'équivalent français des mots et expressions suivants. Les mots suivent l'ordre où ils apparaissent dans le texte.

1 surfing
2 e-mail
3 chatrooms
4 from someone nosing around to a potential employer
5 you subscribe
6 can reveal a lot about you

7 encoded
8 are simply the clearest evidence/proof
9 in transit
10 by practically anybody
11 take advantage of it to...
12 behind your back
13 illegible
14 take out
15 recipients
16 software
17 delete me from your list
18 even more advertisers

Exercice 2

Recherche sur la formation des mots

Le mot *courriel* est une invention récente, résultant de l'amalgamation du nom *courrier* et de l'adjectif *électronique*. Comment ont été formés, à votre avis, ces deux autres mots du texte: *clavardage* et *pourriel*?

Exercice 3

Compréhension du texte

Relisez maintenant le texte et dites si les déclarations suivantes sont vraies ou fausses. (Attention, il y en a une en partie vraie et en partie fausse).

1 La plupart de ceux qui utilisent l'Internet savent comment se protéger de ses dangers pour leur vie privée.
2 Tout le monde peut avoir accès aux messages que vous envoyez à un groupe de bavardage.
3 Même si quelqu'un peut identifier les groupes de nouvelles ou de bavardage auxquels vous avez souscrit un abonnement, cela ne révèlera pas grand chose sur vous.
4 Pour vous protéger vous pouvez d'une part utiliser un pseudonyme et d'autre part effacer simplement vos vieux messages.
5 La police peut intercepter un de vos messages et même retrouver sur votre disque dur ou celui du destinataire un message que vous avez effacé.
6 Les messages chiffrés, ça n'existe pas, n'importe qui peut les déchiffrer.
7 Il ne faut surtout pas répondre à un message donnant la possiblité de vous retirer de la liste d'un pourriel.
8 Cela indique tout simplement aux auteurs du pourriel que votre adresse est bien la bonne.

Exercice 4

Repérage des pronoms relatifs

Trouvez les passages du texte qui correspondent à ces traductions. Ils contiennent tous des pronoms relatifs.

1 the measures that anyone can take
2 a software which will allow you to encode your messages
3 what can happen
4 people who share your interests
5 the threat represented by the Internet
6 the person you're writing to
7 the newsgroups you subscribe to

Observations linguistiques

Relative pronouns

'Qui' and 'que'

Although they may sometimes be translated by the same word in English ('who', 'that' or 'which'), in French *qui* is the subject of the verb that follows whereas *que* is its object. Look at these examples:

Certains des groupes ***qui*** *conservent vos vieux messages...*

Some groups which keep/archive your old messages...

(*Qui* represents 'the groups' and is the subject of the verb 'keep')

Il est possible d'identifier les groupes de discussion ***que*** *vous fréquentez.*

It is possible to identify the discussion groups (which) you visit.

(*Que* represents 'the discussion groups' and is the object of the verb 'visit'.)

Note that in English 'which' (*que*) can sometimes be omitted, whereas it's always needed in French:

Je vais te montrer l'ordinateur ***que*** *j'ai acheté hier.*

I'll show you the computer I bought yesterday.

Il utilise un logiciel ***qui*** *permet de chiffrer les messages* ***qu'on*** *envoie.*

He uses software which allows you to encode the messages you send.

'Ce qui', 'ce que', 'ceux/celles qui' and 'ceux/celles que'

These follow the same rule as *qui* and *que*

Ce qui *peut arriver.*
What may happen.

Ce que *vous pouvez faire.*

What you can do.

Ceux/celles qui *connaissent la menace.*

Those who know the danger.

Ceux/celles que *je ne connais pas.*

Those (which/whom) I don't know.

'Auquel', 'à laquelle', 'auxquel(le)s' and 'à qui'

When using a verb followed by the preposition *à* the forms of the relative pronoun are as follows:

Masculine: singular: *auquel*; plural: *auxquels*

Feminine: singular: *à laquelle*; plural: *auxquelles*

Les groupes ***auxquels*** *vous êtes abonné.*
(être abonné ***à*** *un groupe)*
The groups which you subscribe to/The groups to which you subscribe.

Les femmes ***auxquelles*** *vous avez écrit.*
(écrire ***à*** *une femme)*
The women you wrote to / The women to whom you wrote.

Note that when referring to people, you have a choice of using the *auquel / à laquelle / auxquels / auxquelles* form or simply using ***à qui***. This latter form cannot be used when referring to things, however.

So you can say either:

La personne ***à qui*** *j'ai envoyé ce message.*
(envoyer un message ***à*** *une personne)*
or:
La personne ***à laquelle*** *j'ai envoyé ce message.*
The person I sent this message to/The person to whom I sent this message.

Exercice 5

Réutilisation du vocabulaire et des pronoms relatifs

Traduisez les phrases suivantes en français:

1 An e-mail message is like a postcard which anyone can read.
2 This is software that enables you to control who can read the messages.
3 The director to whom I sent the e-mail has not replied to me.
4 All the messages (that) you send can be intercepted.
5 The people who sent you this spam message are dishonest.
6 The person to whom you are replying now has your address.

Exercice 6

Réutilisation de vocabulaire

Complétez le texte à l'aide des mots de l'encadré.

J'aime beaucoup ________________ sur l'Internet, c'est agréable et ________________. Je découvre des ________________ passionnants tous les jours, ________________ m'aide beaucoup pour mes études. De plus, j'écris souvent ________________ tous mes amis et mes cousins ________________ habitent loin d'ici. Je suis aussi ________________ à trois groupes de discussion, ________________ m'a permis d'________________ des informations intéressantes avec beaucoup d'autres internautes. Cependant, je ne savais pas ________________ le texte explique: je ne connaissais pas la menace ________________ représente l'Internet pour la vie privée. Je ne veux pas acheter un ________________ spécial pour pouvoir envoyer des messages ________________, mais, en tous cas, je ne donnerai pas mon ________________ nom au prochain groupe ________________ je m'abonnerai. Et je ne répondrai plus jamais aux pourriels qui m'________________ l'option de me ________________ d'une liste, car je ne veux pas que ces gens peu ________________ vendent mon adresse à des ________________

échanger ● annonceurs ● ce qui ● ce que ● que ● offrent ● instructif ● qui ● logiciel ● naviguer ● vrai ● sites ● à ● auquel ● inscrite ● ce qui ● honnêtes ● chiffrés ● retirer

Exercice 7

Carnet de notes

Trouvez dans le texte les expressions qui suivent et notez-les. Cherchez au moins 4 autres mots ou expressions que vous ne connaissiez pas déjà. Vous pourrez ensuite les réutiliser dans vos rédactions ou dans vos discussions en français:

la plupart des gens sont au courant de	most people are aware of...
moins nombreux sont ceux qui (connaissent)...	fewer people (know)...
dans votre dos	behind your back
si c'est le cas	if that is the case

Exercice 8

Passage à l'écrit

Ecrivez une rédaction de 200 à 300 mots sur les avantages et les dangers de l'Internet. Essayez de réutiliser le vocabulaire et les expressions que vous avez appris et utilisez au moins trois pronoms relatifs.

Corrigés et Explications

Exercice 1

Compréhension des mots-clés

1 surfing – *naviguer* (note that in their everyday use *naviguer* means 'to sail' and 'surfing (on water)' is *faire du surf*)
2 e-mail – *le courrier électronique/le courriel*
3 chatrooms – *les groupes de bavardage/clavardage*
4 from someone nosing around to a potential employer – *du simple curieux à l'éventuel employeur*
5 you subscribe – *vous avez un abonnement*
6 can reveal a lot about you – *peut en dire long sur vous*
7 encoded – *chiffrées*
8 are simply the clearest evidence/proof – *ne sont que la preuve évidente*
9 in transit – *en cours de route*
10 by practically anybody – *par à peu près n'importe qui*
11 take advantage of it to... – *en profiter pour...*
12 behind your back – *dans votre dos*
13 illegible – *illisible*
14 take out – *retirent*
15 recipients – *destinataires*
16 software – *un logiciel* (note that in French you need to use the article *un*)
17 delete me from your list – *retirez-moi de votre liste*
18 even more advertisers – *encore plus d'annonceurs*

Exercice 2

Recherche sur la formation des mots

clavardage comes from ***clavier*** ('keyboard') and ***bavardage*** ('chat') and refers to chatting by way of the computer keyboard.

pourriel comes from ***pourri*** ('rotten') and ***électronique*** and means 'spam messages'. It rhymes with *courriel,* 'e-mail message'.

These words are French Canadian inventions. Another example is ***émoticon,*** from ***émotion*** and ***icon***, which is imported from the English, as in fact an 'icon' is *un pictogramme* in French.

Note that in France, people use *mail* or *mél* as well as *courriel.*

Exercice 3

Compréhension du texte

1 FAUX. On the contrary, although most people know the advantages of the Internet, fewer people are aware of the dangers it represents for one's private life and which measures one can take to protect privacy.

La plupart des gens sont au courant des avantages de l'Internet. Moins nombreux sont ceux qui connaissent la menace que représente l'Internet pour la vie privée et les mesures que chacun peut prendre pour protéger sa vie privée dans le cyberespace.

2 VRAI. Anybody, from somebody just being curious to a potential employer, can obtain a copy.

... et n'importe qui – du simple curieux à l'éventuel employeur – peut en obtenir une copie.

3 FAUX. The very name of those groups could reveal a lot about you.

Le simple nom de ces groupes peut en dire long sur vous.

4 VRAI and FAUX. You can use a pseudonym.

Ce que vous pouvez faire: n'utilisez pas votre vrai nom.

But not all groups allow you to delete your old messages – only some do.

Certains des groupes qui conservent vos vieux messages vous permettent de les effacer.

5 VRAI. Every e-mail you send or receive can be intercepted by practically anybody, from your Internet provider to the police. And your old messages can be read, even if they've been deleted, on your computer's or somebody else's hard disk.

Chaque courriel que vous envoyez ou recevez peut être intercepté (...) par à peu près n'importe qui, de votre fournisseur de services Internet à la police. Et il est possible de lire vos anciens messages, même effacés, sur le disque dur de votre ordinateur ou de celui de quelqu'un d'autre.

6 FAUX. You can indeed use a software which will encode your messages and make them totally illegible to everyone apart from you and the recipient.

Si vous voulez que vos courriels restent confidentiels, installez sur votre ordinateur un logiciel qui vous permettra de transformer (chiffrer) vos messages en quelque chose de complètement illisible pour tout le monde, sauf vous et la personne à qui vous écrivez.

7 VRAI. A lot of spam messages give you the option 'Remove me from your list'. But you are strongly advised not to do it!

*Beaucoup de pourriels vous offrent l'option «Retirez-moi de votre liste». **Ne le faites pas!***

8 VRAI. By replying to the message you are confirming your e-mail address.

En répondant au message, vous confirmez la validité de votre adresse électronique.

Exercice 4

Repérage des pronoms relatifs

If you look at the English equivalent of these sentences you'll see that relative pronouns (in bold) are used more frequently in French than in English.

1 les mesures **que** chacun peut prendre
2 un logiciel **qui** vous permettra de chiffrer vos messages
3 **ce qui** peut arriver
4 des personnes **qui** partagent vos intérêts
5 la menace **que** représente l'Internet
6 la personne **à qui** vous écrivez
7 les groupes de nouvelles **auxquels** vous avez un abonnement

Exercice 5

Réutilisation du vocabulaire et des pronoms relatifs

1 Un courriel est comme une carte postale que n'importe qui peut lire.
2 Ceci est un logiciel qui permet de contrôler qui peut lire les messages.
3 Le directeur auquel / à qui j'ai envoyé un courriel ne m'a pas répondu.

4 Tous les messages que vous envoyez / tu envoies peuvent être interceptés.
5 Les personnes qui vous / t'ont envoyé ce pourriel sont malhonnêtes.
6 La personne à laquelle / à qui vous répondez / tu réponds a maintenant votre / ton adresse.

Exercice 6

Réutilisation de vocabulaire

J'aime beaucoup **naviguer** sur l'Internet, c'est agréable et **instructif**. Je découvre des **sites** passionnants tous les jours, **ce qui** m'aide beaucoup pour mes études. De plus, j'écris souvent **à** tous mes amis et mes cousins **qui** habitent loin d'ici. Je suis aussi **inscrite** à trois groupes de discussion, **ce qui** m'a permis d'**échanger** des informations intéressantes avec beaucoup d'autres internautes. Cependant, je ne savais pas **ce que** le texte explique: je ne connaissais pas la menace **que** représente l'Internet pour la vie privée. Je ne veux pas acheter un **logiciel** spécial pour pouvoir envoyer des messages **chiffrés**, mais, en tous cas, je ne donnerai pas mon **vrai** nom au prochain groupe **auquel** je m'abonnerai. Et je ne répondrai plus jamais aux pourriels qui m'**offrent** l'option de me **retirer** d'une liste, car je ne veux pas que ces gens peu **honnêtes** vendent mon adresse à des **annonceurs**.

Exercice 8

Passage à l'écrit

This model essay is one example of the way that you might have tackled this task. No doubt your own essay will be very different. Read this one carefully, note how the vocabulary and expressions that you worked on in the unit have been re-used and make a note of any useful phrases that would have made your own essay better. You were asked to include at least three relative pronouns. Those we used are shown in bold type, as are a couple of the expressions given in the *Carnet de notes* section.

L'Internet offre beaucoup d'avantages et **la plupart des gens qui** l'utilisent se demandent comment ils faisaient avant pour communiquer rapidement avec le monde entier ou faire des recherches dans un domaine spécialisé. En effet, quoi de plus facile que naviguer sur l'Internet à la recherche d'un site intéressant, amusant ou instructif? Les étudiants le savent bien: on peut obtenir tellement de renseignements et si rapidement! Et les groupes de discussion permettent d'échanger vos idées avec tous **ceux qui** partagent vos intérêts. Quant au courriel, quelle excellente façon de maintenir le contact avec famille et amis **qui** habitent loin et **qu'**on ne voit pas souvent...

Par contre, **peu nombreux sont ceux qui** connaissent les risques des groupes de clavardage ou de discussion. En effet la plupart des utilisateurs pensent que leurs messages sont à l'abri des curieux. Et pourtant ces messages peuvent être conservés indéfiniment et lus par n'importe qui. Si vous utilisez votre vrai nom, un employeur peut vous juger sur le titre même du groupe **auquel** vous appartenez.

La police peut lire vos anciens messages sur le disque dur de votre ordinateur, même si vous les avez effacés. Quelles sont vos options? La première est de ne rien dire de confidentiel dans un courriel. Une autre est d'utiliser un logiciel **qui** chiffre vos messages.

Quant aux 'pourriels', quelles nuisances! Ils polluent continuellement les boîtes de réception. Et si vous acceptez l'option 'Retirez-moi de votre liste', vous confirmez tout simplement que votre adresse électronique est valide. Et elle sera vendue à d'autres annonceurs par ces gens malhonnêtes.

En conclusion, pour profiter de tout ce que peut offrir l'Internet, il faut s'informer et se méfier des dangers.

3 L'estime de soi

ARTICLE

ARRÊTEZ DE VOUS DÉVALORISER!

Nul besoin de vous faire des critiques: vous êtes le premier à dire du mal de vous-même! Reconnaîtrez-vous un jour votre vraie valeur? Comment retrouve-t-on l'estime de soi?

«Je ne serai jamais reçu(e) à mon examen: je n'ai pas le niveau! Je ne trouverai jamais d'amoureux (d'amoureuse): je suis trop gros(se), pas assez branché(e), trop vieux (vieille), trop jeune ... Je ne sais rien faire de mes dix doigts et rate tout ce que j'entreprends. Je suis raide comme un manche à balai: personne ne voudra jamais danser avec moi...»

Fantasme et réalité

La liste est longue de tous les défauts que chacun peut se trouver; mais, le plus souvent, ces imperfections sont imaginaires. Ce «défaitisme» est plutôt l'expression de la timidité, d'un manque d'assurance, qu'une vision lucide de soi-même.

Apprentissage et échec

Dès son plus jeune âge, l'individu construit sa personnalité à partir de l'expérience: cela passe par l'échec (chutes en apprenant à marcher), autant que par la réussite (découverte de l'équilibre...). Les gestes et les paroles des proches encouragent l'enfant à persévérer dans ses apprentissages et à surmonter un échec momentané. Parfois, les parents induisent inconsciemment une dynamique de l'échec en usant de mots tels que: «Ne fais pas ça, tu vas tomber!», ou bien, en reprochant à l'enfant de ne pas réussir ce que d'autres, au même âge, savent faire: marcher, parler, puis lire et écrire...

Pourquoi se dévaloriser?

L'enfant se sent alors coupable de ne pas être aussi performant que ce dont rêvaient son père ou sa mère. Du coup l'image qu'il a de lui-même n'est jamais satisfaisante: ses succès sont vécus comme des demi-échecs! Parce qu'il a mal interprété des paroles d'adultes ou parce que réellement il n'occupe pas la place idéale que ses parents lui ont dévoluée, l'enfant perd confiance en lui. A l'adolescence ou à l'âge adulte, il émet lui-même un jugement négatif sur sa propre personne: en se dévalorisant, y compris dans ce qu'il réussit, il reproduit une attitude parentale qu'il a interprétée comme une expression d'amour ou d'intérêt à son égard.

ARTICLE

L'image idéale: modèle ou contrainte?

Notre vie est dominée par les médias, particulièrement la télévision, qui nous imposent une représentation sociale idéalisée: les images du couple, de la famille, de la réussite professionnelle, des comportements amoureux ou tout simplement de l'aspect physique sont codifiées; il paraît difficile d'y échapper. L'individu sur lequel les parents ont porté un regard positif s'accepte plus facilement: il est peu perturbé par les clichés de la mode. Mais celui qui n'a pas appris à reconnaître ses qualités passe son temps à se comparer à ce qui semble être un modèle universel. Il ne peut alors que constater ses défauts!

Comment retrouver l'estime de soi?

- Ne pas chercher systématiquement un modèle auquel se comparer;
- Se lancer dans une aventure, comme si la réussite allait de soi, plutôt que redouter l'échec;
- Apprendre à se démarquer de quelqu'un qu'on admire. En affirmant sa personnalité, on montre sa valeur; pour la bonne marche du couple, c'est la clé du succès;
- Accepter l'échec: ne pas y voir une marque de sa médiocrité mais reconnaître que l'on a rencontré plus fort que soi;
- Ne pas «s'excuser» d'avoir réussi là où d'autres ont échoué. Le succès, qu'il soit amoureux ou professionnel, n'est pas l'effet du hasard mais de qualités utilisées à bon escient.

Si votre manque de confiance vous handicape réellement et que l'auto-dénigrement perturbe trop votre vie, n'hésitez pas à entreprendre une psychothérapie.

Marianne Chouchan
http://www.doctissimo.fr/html/psychologie/mag_2001/mag0518/ps_4029_devalorisation_stop.htm

Nul besoin de vous faire des critiques	Other people don't need to criticize you
induisent inconsciemment une dynamique de l'échec	unconsciously induce a cycle of failure

Exercice 1

Compréhension des mots-clés

Lisez le texte sans utiliser de dictionnaire et trouvez les mots et expressions qui correspondent aux équivalents donnés ci-dessous.

Du titre jusqu'à '... danser avec moi'

1 vous trouver inférieur(e)
2 vous critiquer
3 je ne réussirai jamais
4 je ne suis pas assez bon(ne)
5 à la mode
6 je n'ai aucun talent
7 je ne réussis rien de ce que je fais
8 je n'ai aucune grâce

De 'Fantasme et réalité' à '... puis lire et écrire'

9 cette attitude négative

De 'Pourquoi se dévaloriser?' à '... à son égard'

10 ont imaginée pour lui
11 envers lui

De 'L'image idéale: modèle ou contrainte?' à '... ses défauts!'
12 de les éviter

De 'Comment retrouver l'estime de soi?' jusqu'à la fin

13 se jeter
14 était évidente
15 avoir peur de
16 se différencier
17 de la destinée

Exercice 2

Compréhension des mots-clés

Lisez de nouveau le texte sans utiliser de dictionnaire et trouvez les équivalents français des mots et expressions donnés en anglais ci-dessous.

Apprentissage et échec

1 failure
2 falls
3 his/her learning
4 overcome
5 by blaming

Pourquoi se dévaloriser?

6 guilty
7 successful

Comment retrouver l'estime de soi?

8 advisedly
9 putting yourself down

Exercice 3

Compréhension générale

Relisez le texte puis cochez dans la liste suivante les idées qui y sont mentionnées. Les titres des différents paragraphes vous aideront.

1 People are often critical of themselves.
2 School plays an important role in defining your self-image.
3 Parents play a very important role in children's learning and in how they cope with failure.
4 Relationships with friends are the deciding factor in an adolescent's self-confidence.
5 The text contains suggestions of how to regain your self-esteem.
6 Religion often increases people's sense of self-worth.
7 We can be very influenced by the models presented in the media.

Exercice 4

Compréhension du texte

1 Relisez le premier paragraphe. Cochez les critiques que les gens se font souvent, d'après le texte.

a) Les filles/Les garçons n'accepteront jamais de danser avec moi, je suis trop peu gracieux/gracieuse.

b) Si je porte des lunettes et un appareil dentaire je ne trouverai jamais de petit(e) ami(e).

c) Personne ne tombera amoureux de moi, je ne suis pas assez cool.

d) Je suis trop timide, les gens ne s'intéresseront jamais à moi.

e) Quand je me lance dans un projet, ça finit toujours par être un désastre total.

f) Je n'ai rien à raconter parce que je ne fais jamais rien d'intéressant.

g) Je ne suis pas assez intelligent(e) pour réussir cet examen.

2 Relisez le reste du texte jusqu'à '... constater ses défauts!'. Cochez la fin correcte pour chaque phrase, d'après le texte.

a) Quand quelqu'un se trouve des défauts...

... il/elle n'est pas toujours objectif/ objective.

... la plupart du temps il/elle a raison.

... il/elle se trouve toujours de bonnes excuses.

b) Pour le développement de la personnalité d'un enfant...

... l'échec est moins important que la réussite.

... l'échec est plus important que la réussite.

... l'échec est aussi important que la réussite.

c) Les parents induisent inconsciemment une dynamique de l'échec...

... en encourageant les enfants à se plaindre.

... en empêchant les enfants de prendre des risques.

... en félicitant trop souvent les enfants de leurs succès.

d) Parfois l'enfant se sent coupable...

... parce qu'il sait qu'il ne s'est pas bien comporté.

... parce qu'il n'aime pas assez ses parents.

... parce qu'il sait que ses parents attendent plus de lui.

e) Il est souvent difficile...

... de résister à la tentation de la réussite professionnelle.

... de ne pas se comparer aux images idéales présentées dans les médias.

... d'être au courant des informations données par les médias.

f) Les individus qui résistent le mieux à l'influence des médias sont ceux qui ont eu des parents...

... qui les ont critiqués.

... qui leur ont appris à porter un regard critique sur les médias.

... qui les ont acceptés et encouragés.

3 Relisez le dernier paragraphe du texte. Cochez les déclarations correctes, d'après les conseils donnés dans le texte.

a) Always rely on yourself instead of resorting to health professionals.

b) Worrying about your inadequacies is a waste of time because success is largely due to fate.

c) When you undertake something new, go into it as if you were going to succeed rather than worrying about failure.

d) Just because you haven't succeeded in doing something, don't feel you're a failure.

e) Don't apologize for succeeding where others have failed.

f) Finding someone you admire and modelling yourself on them can be a very positive experience.

g) The key to self-esteem is never accepting failure.

Observations linguistiques

Giving advice

The imperative

The imperative can be used to give advice both in the affirmative and negative forms.

In the **affirmative form**:

***Arrêtez** de vous dévaloriser!*

Stop thinking that you're inferior! / Stop putting yourself down!

***Arrête** de penser que tu ne seras pas reçu à ton examen!*

Stop thinking you'll fail your exam!

(Note the use of the preposition *de* + infinitive after *arrêter*.)

***Lancez-vous** dans une nouvelle aventure sans avoir peur d'échouer.*

Throw yourself into a new venture without worrying about failing.

In the **negative form**:

***Ne fais pas** ça, tu vas tomber!*

Don't do that, you'll fall!

***Ne cherchez pas** systématiquement un modèle auquel vous comparer.*

Don't always look for a model to compare yourself with.

***Ne redoutez pas** l'échec.*

Don't be frightened of failure.

***N'hésite pas** à entreprendre une thérapie.*

Don't hesitate to seek the help of a therapist.

The infinitive

The infinitive is often used to give advice in writing, as it is more impersonal than the imperative. You will find it in texts such as the one you read at the beginning of this unit, or in leaflets, public notices and recipes.

In the **affirmative form**:

***Se lancer** dans une aventure comme si la réussite allait de soi.*

Throw yourself into ventures as if success were a foregone conclusion.

***Accepter** l'échec... **reconnaître** que l'on a rencontré plus fort que soi.*

Accept failure... acknowledge your opponent's superiority.

***Prendre** les comprimés avec un peu d'eau.*

Take the tablets with a little water.

***Ajouter** sel et poivre en fin de cuisson.*

Add salt and pepper when the dish is nearly cooked.

In the **negative form**:

***Ne pas chercher** systématiquement un modèle auquel se comparer.*

Don't always look for a model to compare yourself with.

***Ne pas 's'excuser'** d'avoir réussi.*

Don't 'apologize' for having succeeded.

***Ne pas jeter** de détritus par la fenêtre.*

Don't throw rubbish out of the window.

Note that when you are using the infinitive with a negative, both parts of the negative come before the infinitive.

Note that where you have a reflexive verb in the infinitive you use the impersonal *se* as the reflexive pronoun.

Exercice 5

Réutilisation de l'infinitif pour donner des conseils

Ces phrases sont exprimées à l'impératif. Utilisez les mêmes phrases, mais avec l'infinitif, pour écrire deux recettes et deux avis destinés au public.

1 Mettez le chocolat en poudre dans une demi-tasse d'eau froide, battez avec une fourchette ou un fouet puis remplissez la tasse d'eau bouillante et mélangez de nouveau.

2 Versez une tasse de maïs-polenta dans 3 tasses ½ d'eau bouillante salée. Remuez, faites cuire 5 minutes. Couvrez et laissez gonfler le grain quelques minutes. Ajoutez du fromage râpé puis laissez refroidir. Coupez en tranches minces et faites revenir dans du beurre avant de servir.

3 Pour appeler la concierge, appuyez sur la sonnette.

4 Ne vous penchez pas par la fenêtre quand le train est en marche.

Exercice 6

Réutilisation de l'impératif pour donner des conseils

Traduisez ces phrases en français.

1 Don't say 'I'm too fat!' all the time. Do some sport and stop eating so many hamburgers and chips.

2 Parents mustn't say too often to a child, 'Don't do that, you're going to fall... Be careful, don't hurt yourself... etc.' because he'll lose confidence in himself.

Exercice 7

Réutilisation de vocabulaire

Complétez les phrases à l'aide des mots donnés dans l'encadré.

1 ________________________ les jeunes sont tous beaux et ________________________. Moi je suis trop petit et trop gros. C'est pour cela que je n'ai pas ________________________.

2 Mon frère a ________________________ tous ses examens, mais moi je ne serai jamais ________________________, parce que je n'ai pas ________________________.

3 Ma sœur aînée ________________________ de ses dix doigts et elle ________________________ tout ce qu'elle entreprend. Et pourtant elle ne perd pas ________________________.

4 Le défaitisme est une attitude ________________________. Il faut apprendre à ne pas ________________________ l'échec et à ________________________ les difficultés.

5 Il paraît difficile d'________________________ images que nous imposent les médias. Tout semble codifié: le couple, la famille, l'aspect physique, la ________________________ professionnelle, les ________________________ amoureux...

6 Le succès n'est pas souvent l'effet du ________________________, mais plutôt de qualités utilisées ________________________.

7 Si un enfant se sent ________________________ de ne pas être aussi ________________________ que ses parents l'avaient imaginé, l'image qu'il aura de ________________________ ne sera jamais ______________.

confiance en elle-même ● réussite ● à la télé ● négative ● reçue ● hasard ● minces ● surmonter ● performant ● confiance en moi ● rate ● à bon escient ● réussi à ● lui-même ● échapper aux ● le niveau ● ne sait rien faire ● redouter ● satisfaisante ● coupable ● comportements

Exercice 8

Carnet de notes

Trouvez dans le texte les mots et expressions qui suivent et notez-les. Cherchez au moins quatre autres mots ou expressions que vous ne connaissiez pas déjà. Vous pourrez ensuite les réutiliser dans vos rédactions ou dans vos discussions en français:

le plus souvent	more often than not
parfois	sometimes
du coup	as a result
y compris	including
comme si... allait de soi	as if... was self-evident, a foregone conclusion
plutôt que	rather than
c'est la clé du succès	it's the key to success
ne pas (+ infinitive)*... mais...*	don't... but...
n'hésitez pas à	don't hesitate to

Exercice 9

Passage à l'écrit

Ecrivez un article de 200 à 300 mots pour un journal local où vous donnerez des conseils aux parents pour que leurs enfants puissent acquérir une bonne estime d'eux-mêmes. N'oubliez pas de donner un titre à votre article. Essayez de réutiliser le vocabulaire et les expressions que vous avez appris et utilisez quelques impératifs.

Corrigés et Explications

Exercice 1

Compréhension des mots-clés

Du titre jusqu'à '... danser avec moi'

1 vous trouver inférieur(e) – vous dévaloriser
2 vous critiquer – vous faire des critiques / dire du mal de vous-même
3 je ne réussirai jamais – je ne serai jamais reçu(e)
4 je ne suis pas assez bon(ne) – je n'ai pas le niveau
5 à la mode – branché(e)
6 je n'ai aucun talent – je ne sais rien faire de mes dix doigts
7 je ne réussis rien de ce que je fais – je rate tout ce que j'entreprends
8 je n'ai aucune grâce – je suis raide comme un manche à balai

De 'Fantasme et réalité' à '... puis lire et écrire'

9 cette attitude négative – ce 'défaitisme'

De 'Pourquoi se dévaloriser?' à '... à son égard'

10 ont imaginée pour lui – lui ont dévoluée
11 envers lui – à son égard

De 'L'image idéale: modèle ou contrainte?' à '... ses défauts!'

12 de les éviter – d'y échapper

De 'Comment retrouver l'estime de soi?' jusqu'à la fin

13 se jeter – se lancer
14 était évidente – allait de soi
15 avoir peur de – redouter
16 se différencier – se démarquer
17 de la destinée – du hasard

Exercice 2

Compréhension des mots-clés

Apprentissage et échec

1 failure – *l'échec*
2 falls – *chutes*
3 his/her learning – *ses apprentissages*
4 overcome – *surmonter*
5 by blaming – *en reprochant à*

Pourquoi se dévaloriser?

6 guilty – *coupable*
7 successful – *performant*

Comment retrouver l'estime de soi?

8 advisedly – *à bon escient*
9 putting yourself down – *l'auto-dénigrement*

Exercice 3

Compréhension générale

These are the ideas mentioned, in the order they appear in the text. For each one we quote some parts of the text or point you to paragraphs that express those ideas.

1 People are often critical of themselves.

'Arrêtez de vous dévaloriser!'

'... vous êtes le premier à dire du mal de vous-même!'

'Reconnaîtrez-vous un jour votre vraie valeur?'

3 Parents play a very important role in children's learning and in how they cope with failure.

The paragraphs entitled **'Apprentissage et échec'** and **'Pourquoi se dévaloriser?'** deal with the influence (good or bad!) that parents and other adults have on children's learning and attitude towards failure.

5 The text contains suggestions of how to regain your self-esteem.

These all come under the heading **'Comment retrouver l'estime de soi?'**

7 We can be very influenced by the models presented in the media.

The paragraph **'L'image idéale: modèle ou contrainte?'** deals with this idea.

Exercice 4

Compréhension du texte

1

a) Les filles/Les garçons n'accepteront jamais de danser avec moi, je suis trop peu gracieux/gracieuse. *'Je suis raide comme un manche à balai: personne ne voudra jamais danser avec moi...'*

c) Personne ne tombera amoureux de moi, je ne suis pas assez cool. *'Je ne trouverai jamais d'amoureux (d'amoureuse): je [ne] suis... pas assez branché(e)'*

e) Quand je me lance dans un projet, ça finit toujours par être un désastre total. *'Je ne sais rien faire de mes dix doigts et rate tout ce que j'entreprends'*

g) Je ne suis pas assez intelligent(e) pour réussir cet examen. *'Je ne serai jamais reçu(e) à mon examen: je n'ai pas le niveau!'*

2

a) Quand quelqu'un se trouve des défauts **il/elle n'est pas toujours objectif/objective**. *'... le plus souvent, ces imperfections sont imaginaires. Ce «défaitisme» est plutôt l'expression de la timidité, d'un manque d'assurance, qu'une vision lucide de soi-même.'*

b) Pour le développement de la personnalité d'un enfant **l'échec est aussi important que la réussite.** *'Dès son plus jeune âge, l'individu construit sa personnalité à partir de l'expérience: cela passe par l'échec... autant que par la réussite'*

Note: *enfant* is masculine in French when referring to children in general However if you are referring to a particular female child you can use *une enfant*: *cette enfant est gentille.*

c) Les parents induisent inconsciemment une dynamique de l'échec **en empêchant les enfants de prendre des risques.** *'Parfois, les parents induisent inconsciemment une dynamique de l'échec en usant de mots tels que: «Ne fais pas ça, tu vas tomber!»...'*

d) Parfois l'enfant se sent coupable **parce qu'il sait que ses parents attendent plus de lui.** *'L'enfant se sent alors coupable de ne pas être aussi performant que ce dont rêvaient son père ou sa mère.'*

e) Il est souvent difficile **de ne pas se comparer aux images idéales présentées dans les médias.** *'Notre vie est dominée par les médias, particulièrement la télévision, qui nous imposent une représentation sociale idéalisée...; il paraît difficile d'y échapper.'*

f) Les individus qui résistent le mieux à l'influence des médias sont ceux qui ont eu des parents **qui les ont acceptés et encouragés.** *'L'individu sur lequel les parents ont porté un regard positif, s'accepte plus facilement: il est peu perturbé par les clichés de la mode.'*

3 The correct statements are as follows:

c) When you undertake something new, go into it as if you were going to succeed rather than worrying about failure. *'Se lancer dans une aventure, comme si la réussite allait de soi, plutôt que redouter l'échec'.*

d) Just because you haven't succeeded in doing something, don't feel you're a failure. *'Accepter l'échec: ne pas y voir une marque de sa médiocrité mais reconnaître que l'on a rencontré plus fort que soi.'* (Accept failure: don't see it as a sign of your mediocrity, but recognize that you've met your match.)

e) Don't apologize for succeeding where others have failed. *'Ne pas «s'excuser» d'avoir réussi là où d'autres ont échoué.'*

You should not have chosen the following statements for the reasons given:

a) Always rely on yourself instead of resorting to health professionals.

On the contrary the text encourages people to seek the help of a psychotherapist if their lack of confidence is a real handicap and they put themselves down to such an extent that it interferes with their lives. *'Si votre manque de confiance vous handicape réellement et que l'auto-dénigrement perturbe trop votre vie, n'hésitez pas à entreprendre une psychothérapie.'*

b) Worrying about your inadequacies is a waste of time because success is largely due to fate.

This is not explicitly stated in the text, but it is pointed out that success is not due to chance.

f) Finding someone you admire and modelling yourself on them can be a very positive experience.

The text actively discourages modelling yourself on someone else and says that by asserting your own personality you show what you're worth. *'Ne pas chercher systématiquement un modèle auquel se comparer'* and *'Apprendre à se démarquer de quelqu'un qu'on admire. En affirmant sa personnalité, on montre sa valeur'.*

g) The key to self-esteem is never accepting failure.

This is never expressed. Indeed, it is stressed that knowing how to accept failure is healthy. *'Accepter l'échec: ne pas y voir une marque de sa médiocrité mais reconnaître que l'on a rencontré plus fort que soi.'*

Exercice 5

Réutilisation de l'infinitif pour donner des conseils

1 ***Mettre*** le chocolat en poudre dans une demi-tasse d'eau froide, ***battre*** avec une fourchette ou un fouet puis ***remplir*** la tasse d'eau bouillante et ***mélanger*** de nouveau.

2 ***Verser*** une tasse de maïs-polenta dans 3 tasses ½ d'eau bouillante salée. ***Remuer***, ***faire*** cuire 5 minutes. ***Couvrir*** et ***laisser*** gonfler le grain quelques minutes. ***Ajouter*** du fromage râpé puis ***laisser*** refroidir. ***Couper*** en tranches minces et ***faire*** revenir dans du beurre avant de servir.

3 Pour appeler la concierge, ***appuyer*** sur la sonnette.

4 Ne pas ***se pencher*** par la fenêtre quand le train est en marche.

Exercice 6

Réutilisation de l'impératif pour donner des conseils

1 Ne dis pas 'Je suis trop gros(se)!' tout le temps. Fais du sport et arrête de manger autant de hamburgers et de frites.

or

Ne dites pas 'Je suis trop gros(se)!' tout le temps. Faites du sport et arrêtez de manger autant de hamburgers et de frites.

2 Les parents ne doivent pas dire trop souvent à un enfant 'Ne fais pas ça, tu vas tomber... Attention, ne te fais pas mal...etc.' car il va perdre confiance en lui.

Exercice 7

Réutilisation de vocabulaire

1 **A la télé** les jeunes sont tous beaux et **minces**. Moi je suis trop petit et trop gros. C'est pour cela que je n'ai pas **confiance en moi**.

2 Mon frère a **réussi à** tous ses examens, mais moi je ne serai jamais **reçue**, parce que je n'ai pas **le niveau**.

3 Ma sœur aînée **ne sait rien faire** de ses dix doigts et elle **rate** tout ce qu'elle entreprend. Et pourtant elle ne perd pas **confiance en elle-même**.

4 Le défaitisme est une attitude **négative**. Il faut apprendre à ne pas **redouter** l'échec et à **surmonter** les difficultés.

5 Il paraît difficile d'**échapper aux** images que nous imposent les médias. Tout semble codifié: le couple, la famille, l'aspect physique, la **réussite** professionnelle, les **comportements** amoureux...

6 Le succès n'est pas souvent l'effet du **hasard**, mais plutôt de qualités utilisées **à bon escient**.

7 Si un enfant se sent **coupable** de ne pas être aussi **performant** que ses parents l'avaient imaginé, l'image qu'il aura de **lui-même** ne sera jamais **satisfaisante**.

Exercice 9

Passage à l'écrit

This model essay is one example of the way that you might have tackled this task. No doubt your own essay will be very different. Read this one carefully, note how the vocabulary and expressions that you worked on in the unit have been re-used and make a note of any useful phrases that would have made your own essay better. You were asked to include some imperatives. Those we used are shown in bold type, as are a few of the expressions given in the *Carnet de notes* section.

L'estime de soi chez les enfants est capitale

Les études démontrent que les enfants qui se sentent inférieurs et se dévalorisent réussissent moins souvent et sont moins heureux dans la vie adulte que les enfants qui ont une bonne estime d'eux-mêmes. Si votre enfant se critique et adopte toujours une attitude négative, il est temps d'agir!

Que peut-on faire en tant que parent pour aider son enfant à trouver/retrouver une bonne estime de lui-même? **La clé du succès**, c'est de commencer aussi tôt que possible. **Apprenez** à votre enfant à expérimenter, et à se lancer dans l'aventure **plutôt que** de lui dire toujours 'Attention! C'est dangereux!' ou 'Ne **fais** pas ça, tu vas te faire mal!' **Faites comme si** la réussite **allait de soi**. Et si, **parfois**, il échoue, **ne** le **critiquez pas**. **Aidez**-le plutôt à apprendre à persévérer et à accepter et surmonter les échecs momentanés.

Il est important également de ne pas trop pousser votre enfant. **Encouragez**-le à réussir, mais **ne** lui **donnez pas** l'impression que vous attendez toujours plus de lui. L'enfant qui sent que ses parents rêvent d'un succès dont il n'est pas capable va se sentir coupable et **du coup** il va perdre confiance en lui.

A l'adolescence **continuez** à encourager votre enfant à avoir confiance en lui et à s'accepter, plutôt que de se comparer à l'image idéale que les médias lui proposent. **Montrez**-lui que vous l'acceptez tel qu'il est, que vous appréciez sa personnalité et qu'il n'a pas besoin de trouver un modèle auquel se comparer.

Pour finir, **n'oubliez pas** que si vous avez personnellement une bonne estime de vous-même, si vous ne vous critiquez pas sans cesse et si vous acceptez l'échec avec le sourire votre enfant va trouver plus facile d'en faire autant.

4 Les changements apportés par les nouvelles technologies

Exercice 1

Préparation à la lecture

Voici les noms français des cinq doigts de la main (dans le désordre). Devinez leur équivalent en anglais.

1 l'index
2 le pouce
3 le médium
4 l'annulaire
(pensez au mot 'anneau')
5 l'auriculaire

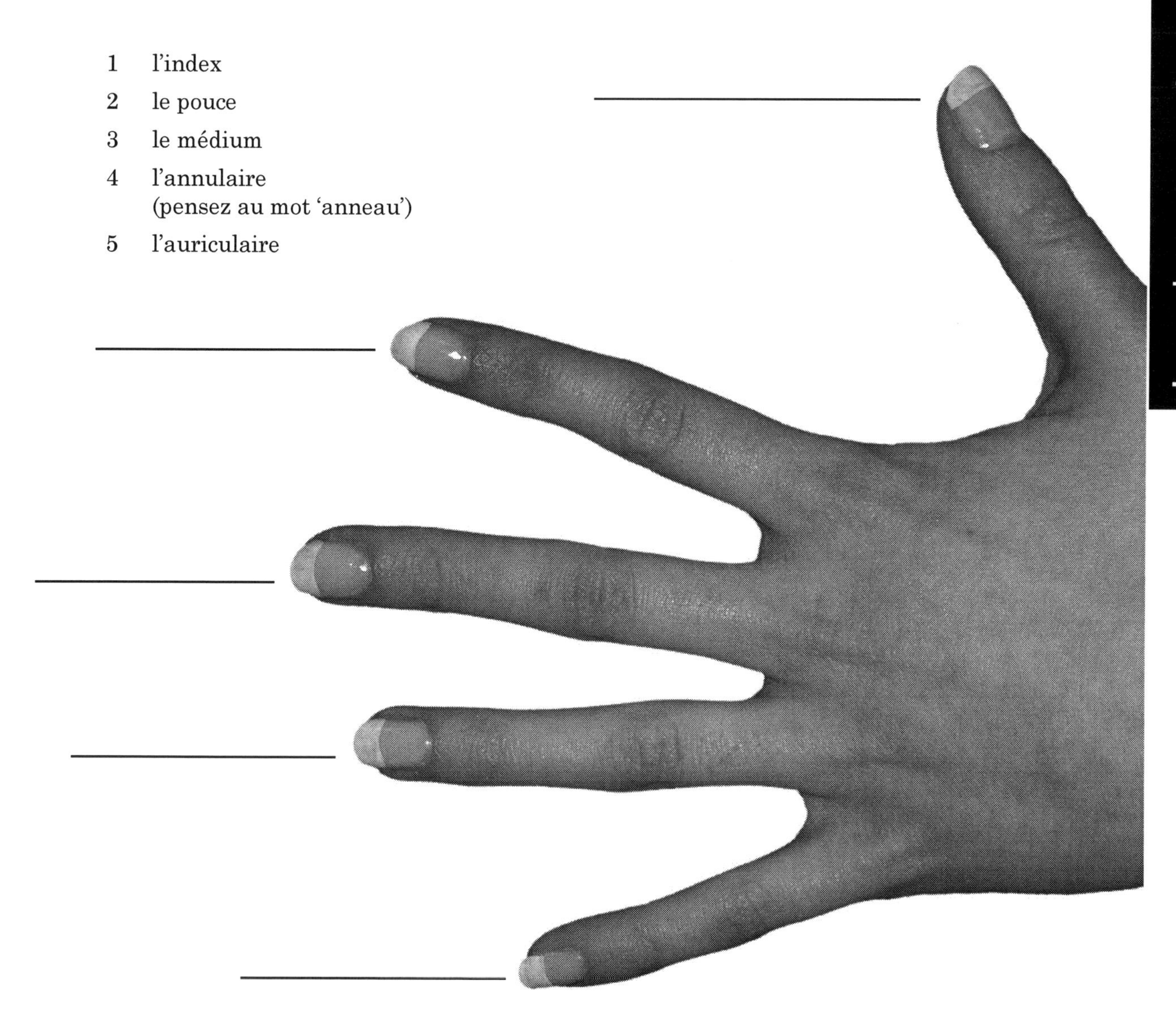

Exercice 2

Préparation à la lecture

Lisez le titre du texte. Essayez de donner trois utilisations de ce doigt de la main. Ensuite donnez trois utilisations de l'index.

ARTICLE

A QUOI SERT UN POUCE?

«Pouce»! Cet appel résonnait autrefois dans les cours de récréation – avant l'avènement des petits jeux électroniques qui, plus que les jeux collectifs et remuants, captivent davantage les jeunes générations. En levant le pouce vers le ciel, on demandait ainsi un arrêt des hostilités au cours d'une partie de cache-cache ou de «tu l'as»... Sûrement un héritage des jeux du Cirque dans lesquels les empereurs romains décidaient, pouce levé ou abaissé, de la vie ou de la mort des gladiateurs... L'ère des globe-trotteurs, vers 1950, a érigé le stop en institution, le pouce levé faisant appel à la compassion des automobilistes envers les pauvres marcheurs. Malgré ces utilisations, on n'avait encore pas vu le pouce surmultiplier son autonomie et sa dextérité par rapport aux autres doigts. Jusque-là, ceux-ci étaient pourtant mieux connus que lui pour leurs capacités tactiles: le plus habile d'entre eux, l'index, qui montre le chemin, appuie sur les sonnettes, sur les commutateurs électriques, les boutons d'ascenseur, etc... sera bientôt envoyé aux oubliettes, mis... à l'index! C'en est au point que des études très sérieuses constatent même une mutation morphologique du pouce chez les jeunes, et qui plus est, sur les deux mains, nos ados étant de plus en plus ambidextres dans leurs manœuvres! Le phénomène atteint les 15/25 ans, formés dès leur plus jeune âge aux consoles de jeux, télécommandes, et autres. Eh oui, tout a changé, et plus encore depuis l'avènement du portable devenu «6ème sens», qui génère une autre menace sur notre civilisation: le SMS, ou texto, qui révolutionne nos modes d'échanges. Foin du beau papier à lettres parfumé, du timbre de collection, foin aussi des longues conversations murmurées au téléphone: le texto est là, silencieux, pas cher, immédiat et direct, de l'expéditeur au destinataire...: «J t'M é toA?» «T ou?» «Kektudi?» – «I'm plé pa!» – «A +!»... Bizarre, n'est-ce pas? En fait, pour nos jeunes, romantiques malgré tout, c'est simple, discret, confidentiel, par SMS on peut dire beaucoup de choses personnelles plus facilement que de vive voix et avoir la réponse tout de suite, sans risque d'être vu ou lu par d'autres... Et tout cela bien sûr pour le plus grand bonheur des fournisseurs d'accès qui multiplient les offres spéciales, et de la «tribu du pouce» qui, née au Japon, voit s'accroître, à travers le monde entier, le nombre de ses «membres mutants»...

envoyé aux oubliettes	literally: sent to the dungeon; shelved; here: consigned to oblivion
mis à l'index	blacklisted (the expression dates from the times when *l'index* was a catalogue of books forbidden by the Pope); here, pun on the two meanings of *l'index*
foin de	away with
J t'M é toA?	Je t'aime, et toi?
T ou?	T'es où (Tu es où)
Kektudi?	Qu'est (-ce) que tu dis?
I'm plé pa!	Il (ne) me plaît pas
A +!	A plus (tard)!

Exercice 3

Compréhension des mots-clés

Lisez le texte en entier sans utiliser de dictionnaire et trouvez l'équivalent français des mots et expressions suivants. Ils sont dans l'ordre où ils apparaissent dans le texte.

1 advent
2 active
3 hide-and-seek
4 the game of 'it'
5 up or down
6 instituted
7 skillful
8 electrical switches
9 change in the shape
10 affects
11 mobile phone
12 sender
13 recipient
14 in spite of everything
15 in person
16 service providers
17 tribe
18 grow

Exercice 4

Recherche sur l'origine des mots

Le mot *automobile* formé du préfixe *auto* et de l'adjectif *mobile* désigne une voiture qui se déplace (mobile) d'elle-même (auto), c'est-à-dire sans l'aide de chevaux, par exemple. Un *automobiliste* est une personne qui conduit une automobile. Comment ont été formés, à votre avis, ces deux autres mots du texte: *télécommande* et *ambidextre*?

Exercice 5

Compréhension du texte

Voici un résumé des idées principales du texte (dans le désordre). Retrouvez d'abord dans la colonne de droite la bonne fin pour chaque phrase, puis replacez toutes les idées dans l'ordre où elles apparaissent dans le texte.

1 Pour communiquer rapidement les jeunes préfèrent...	a) ... un autostoppeur lève le pouce.
2 C'est parce que les joueurs de jeux électroniques...	b) ... accordait la vie aux vaincus.
3 Pour arrêter une voiture...	c) ... sur les boutons et commutateurs.
4 Le pouce levé de l'empereur romain...	d) ... de plus en plus autonome et habile.
5 L'index était jusqu'à présent...	e) ... du succès des SMS.
6 Si on lève le pouce pendant un jeu...	f) ... utilisent constamment leurs deux pouces.
7 Le pouce devient...	g) ... c'est qu'on demande de s'arrêter un moment.
8 Ou encore que l'on appuie...	h) ... commencent à changer de forme.
9 Les fournisseurs d'accès sont ravis...	i) ... sans être entendu par d'autres
10 C'est par exemple avec l'index...	j) ... le texto au papier à lettre et au téléphone.
11 Le texto permet de se dire des choses confidentielles...	k) .... qu'on indique sa route à quelqu'un.
12 Les deux pouces des jeunes...	l) ... le doigt le plus adroit.

Exercice 6

Compréhension du français des SMS

Nous vous avons donné l'équivalent en bon français des SMS du texte. Pouvez-vous trouver l'équivalent de ces mots et de ces phrases, couramment employés dans les textos? Rappelez-vous que les lettres individuelles sont prononcées comme dans l'alphabet. Par exemple: C = 'C'est'.

1 Kdo
2 dak
3 OQP
4 biz
5 kelk 1
6 J'vé manG O Mc Do
7 J'tapL Dkej'pe
8 L é T N R V
9 Koi 2 9?

Observations linguistiques

The imperfect tense

This tense is used to describe what **used to** happen. Here are some examples (the first two are from the text):

*Cet appel **résonnait** autrefois dans les cours de récréation.*
In days gone by this call used to resonate in playgrounds.

*Les empereurs romains **décidaient** de la vie ou de la mort des gladiateurs.*
Roman emperors used to decide on whether the gladiators would live or die.

*Autrefois les SMS n'**existaient** pas et on **écrivait** de belles lettres romantiques sur du beau papier à lettres.*
In the past, text messages didn't exist and people used to write lovely romantic letters on beautiful writing paper.

*Auparavant les jeunes **faisaient** plus d'autostop, mais maintenant c'est devenu dangereux.*
Before, young people used to hitch hike more, but now it has become dangerous.

*Il y a une quinzaine d'années les gens n'**avaient** pas chacun un portable.*
About fifteen years ago, not everyone had mobile phones.

Exercice 7

Réutilisation de l'imparfait

Complétez le texte suivant avec les verbes de l'encadré. Ils sont donnés dans le désordre et à l'infinitif. A vous d'utiliser le temps qui convient pour chacun.

Avant que le courrier électronique n'existe les gens ______________ par lettre ou par téléphone. Pour les lettres romantiques ils ______________ du beau papier, peut-être même parfumé. C'______________ agréable de trouver des lettres dans sa boîte aux lettres et on les ______________ lentement et avec plaisir. Les enfants qui ______________ collection de timbres ______________ contents quand on leur ______________ celui de l'enveloppe, qui ______________ même être un bon timbre de collection. Au téléphone, on ______________ plaisir à entendre la voix des amis et on ______________ avoir de longues conversations. Maintenant la plupart des gens préfèrent le courrier électronique. Bien sûr c'est plus rapide et moins coûteux, mais aussi beaucoup plus impersonnel. Personnellement j'______________ mieux les autres moyens de communication!

être ● être ● pouvoir ● pouvoir ● faire ● aimer ● utiliser ● donner ● lire ● communiquer ● prendre

Exercice 8

Carnet de notes

Trouvez dans le texte les mots de liaison et expressions qui suivent et notez-les. Cherchez aussi au moins quatre autres mots ou expressions que vous ne connaissiez pas déjà. Vous pourrez ensuite les réutiliser dans vos rédactions ou dans vos discussions en français:

malgré	despite
par rapport à	compared with
c'en est au point que	it's got to the stage where
et qui plus est	and what is more
en fait	in fact
malgré tout	despite everything/in spite of everything

Exercice 9

Passage à l'écrit

Imaginez qu'en 2030 les écoles et les universités n'existent plus et que chaque étudiant travaille seul sur son ordinateur. Décrivez en 200 à 300 mots comment s'organisent leurs journées par rapport à ce que les étudiants faisaient avant. Donnez également un ou deux exemples de problèmes physiques qui ont apparu. N'ayez pas peur d'exagérer! Utilisez le vocabulaire que vous avez appris dans cette unité et au moins quatre verbes à l'imparfait.

Corrigés et Explications

Exercice 1

Préparation à la lecture

1	l'index	the index finger
2	le pouce	the thumb
3	le médium	the middle finger
4	l'annulaire	the ring finger
5	l'auriculaire	the little finger (*auricula* in Latin meant 'small ear', so this is the finger with which you clean your ear! Compare with 'aural' in English)

Note that in French the thumb is counted as one of the five fingers (*les cinq doigts de la main*).

Exercice 2

Préparation à la lecture

Possible answers to this question are given in the text.

Exercice 3

Compréhension des mots-clés

1 advent – *avènement*
2 active – *remuants*
3 hide-and-seek – *cache-cache*
4 the game of 'it' – *tu l'as*
5 up or down – *levé ou abaissé*
6 instituted – *érigé... en institution*
7 skillful – *habile*
8 electrical switches – *commutateurs électriques*
9 change in the shape – *mutation morphologique*
10 affects – *atteint*
11 mobile phone – *portable*
12 sender – *expéditeur*
13 recipient – *destinataire*
14 in spite of everything – *malgré tout*
15 in person – *de vive voix*
16 service providers – *fournisseurs d'accès*
17 tribe – *tribu*
18 grow – *s'accroître*

Exercice 4

Recherche sur l'origine des mots

Télécommande is formed with the prefix ***télé*** ('remote') and the noun ***commande*** ('control'). You can find the same prefix in the English and French telephone – *téléphone* or telescope – *téléscope.*

Ambidextre is formed with the prefix ***ambi*** ('two' or 'both') and the adjective ***dextre*** ('right', as opposed to 'left') and describes somebody who can use both hands equally well. You can also find the prefix 'ambi' in the English and French 'ambivalence'. And 'dexterity' in English and *dextérité* in French both have the same origin as *dextre.*

Exercice 5

Compréhension du texte

6 Si on lève le pouce pendant un jeu...	g) ... c'est qu'on demande de s'arrêter un moment.
4 Le pouce levé de l'empereur romain...	b) ... accordait la vie aux vaincus.
3 Pour arrêter une voiture...	a) ... un autostoppeur lève le pouce.
7 Le pouce devient...	d) ... de plus en plus autonome et habile.
5 L'index était jusqu'à présent...	l) ... le doigt le plus adroit.
10 C'est par exemple avec l'index...	k) ... qu'on indique sa route à quelqu'un.
8 Ou encore que l'on appuie...	c) ... sur les boutons et commutateurs.
12 Les deux pouces des jeunes...	h) ... commencent à changer de forme.
2 C'est parce que les joueurs de jeux électroniques...	f) ... utilisent constamment leurs deux pouces.
1 Pour communiquer rapidement les jeunes préfèrent...	j) ... le texto au papier à lettre et au téléphone.
11 Le texto permet de se dire des choses confidentielles...	i) ... sans être entendu par d'autres.
9 Les fournisseurs d'accès sont ravis...	e) ... du succès des SMS.

Exercice 6

Compréhension du français des SMS

Note the use of capital letters in those SMS: G, pronounced 'Gé', replaces 'ger', L, pronounced 'el', replaces 'elle', D, pronounced 'dé', replaces 'dès', etc.

1 cadeau
2 d'ac (short for 'd'accord')
3 occupé(e)
4 bises
5 quelqu'un
6 Je vais manger au MacDonald
7 Je t'appelle dès que je peux
8 elle était énervée
9 Quoi de neuf? ('What's new?')

Exercice 7

Réutilisation de l'imparfait

Avant que le courrier électronique n'existe les gens **communiquaient** par lettre ou par téléphone. Pour les lettres romantiques ils **utilisaient** du beau papier, peut-être même parfumé. C'**était** agréable de trouver des lettres dans sa boîte aux lettres et on les **lisait** lentement et avec plaisir. Les enfants qui **faisaient** collection de timbres **étaient** contents quand on leur **donnait** celui de l'enveloppe, qui **pouvait** même être un bon timbre de collection. Au téléphone, on **prenait** plaisir à entendre la voix des amis et on **pouvait** avoir de longues conversations. Maintenant la plupart des gens préfèrent le courrier électronique. Bien sûr c'est plus rapide et moins coûteux, mais aussi beaucoup plus impersonnel. Personnellement j'**aimais** mieux les autres moyens de communication!

Exercice 9

Passage à l'écrit

This model essay is one example of the way that you might have tackled this task. The verbs in the imperfect that we have used are shown in bold type, as are a few of the expressions given in the *Carnet de notes* section.

Aujourd'hui en 2030 la vie que mènent les jeunes est très différente de celle que moi je **menais** à leur âge. La plus grande différence c'est qu'il n'y a plus de collèges et d'universités comme avant. Maintenant ils restent à la maison et font leurs études sur l'ordinateur, par Internet ou avec des CD-ROMs. La maison est devenue le collège ou l'université et quand les parents partent le matin pour aller travailler le jeune reste seul à la maison devant son écran. Certains ont même fait suspendre l'ordinateur au dessus du lit pour pouvoir étudier sans sortir du lit et sans s'habiller. Avant les jeunes **passaient** une grande partie de la journée scolaire/universitaire à communiquer avec leurs camarades mais de nos jours ils sont de plus en plus isolés. La plupart d'entre eux ne voient leur camarades qu'à l'écran au Webcam, **et c'en est au point que** certains n'ont pas d'amis 'en chair et en os'. Ces jeunes passent souvent leurs heures libres à jouer, par exemple, au football à l'ordinateur, mais n'ont jamais l'occasion de jouer une vraie partie de football avec un groupe d'amis. **Par rapport aux** étudiants d'il y a une vingtaine d'années qui **passaient** des heures ensemble au collège ou à l'université, le soir et le weekend, ceux d'aujourd'hui ont très peu d'occasions de se réunir, et par conséquent ils sont très peu développés sur le plan social et émotionnel.

Ce manque de contact avec d'autres gens de leur âge et le temps énorme qu'ils passent devant l'ordinateur a eu des conséquences non seulement sur le plan émotionnel mais aussi sur le plan physique. **Malgré tout** la plupart des jeunes d'autrefois **faisaient** au moins un peu d'activité physique tous les jours – si ce n'était que de marcher d'une salle à l'autre au collège ou à la fac ou de descendre l'escalier pour aller à la cantine. Les jeunes d'aujourd'hui passent souvent la journée entière assis (ou parfois couchés!) dans la même pièce devant l'ordinateur. A midi le repas qu'ils ont commandé par Internet leur est livré à domicile, donc ils n'ont même pas besoin de sortir de la maison pour manger. Les changements physiques que ce mode de vie a entraînés sont évidents: obésité quasi-universelle, jambes faibles et teint pâle. **Et qui plus est** on constate que de plus en plus de jeunes ont des maux de têtes chroniques dûs au temps passé devant l'écran et, bien sûr, des problèmes de dos tels qu'on n'en **voyait** que chez les personnes âgées il y a vingt ans.

5 L'énergie et le terrorisme

ARTICLE

NUCLÉAIRE: UNE ÉNERGIE DISCUTÉE

Le nucléaire est un véritable casse-tête. Va-t-on l'arrêter ou le relancer? Les arguments de ceux qui s'opposent à l'énergie nucléaire sont multiples. Il y a tout d'abord l'ombre de l'accident de Tchernobyl, survenu en URSS en 1986: l'explosion de la centrale a envoyé un nuage radioactif sur l'Europe. Pour éviter une catastrophe similaire, l'industrie du nucléaire a notamment mis au point l'EPR (European Pressurized Water Reactor), un réacteur plus sûr, présentant moins de risque de fuite radioactive et produisant moins de déchets.

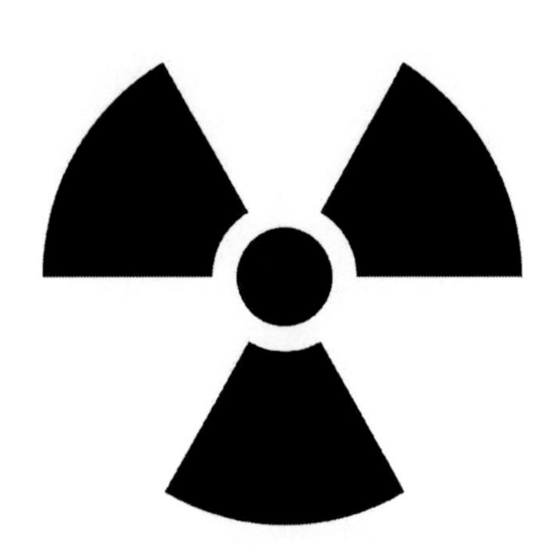

90% de l'argent investi dans la recherche énergétique française va au nucléaire, contre 50% en Allemagne et 20% aux États-Unis.

Mais que valent ces précautions face à la nouvelle menace apparue avec le 11 septembre? Ni les anciennes ni les nouvelles centrales n'ont été conçues pour résister à de telles attaques-suicides... Vient ensuite le problème des déchets radioactifs qui restent dangereux, pour certains, jusqu'à des centaines de millions d'années! Que faire? Les enfouir dans le sous-sol? Oui, mais qui acceptera d'avoir des déchets radioactifs sous ses pieds? Surveiller les déchets en surface apparaît comme une solution plus sûre car elle permet d'intervenir en cas de fuite radioactive. Pourtant, comme dans le cas de l'enfouissement, n'est-ce pas un «cadeau empoisonné» pour nos descendants? Quant au retraitement permettant de réutiliser l'uranium, il laisse encore des déchets non traités sur les bras.

Les «pour» et les «contre»

Enfin, il y a la menace du terrorisme nucléaire. Un groupe terroriste pourrait faire exploser une bombe sur laquelle il aurait placé de l'uranium ou du plutonium, dispersant ainsi la radioactivité dans l'air. Une inquiétude nourrie par le trafic de matières radioactives dans les anciennes républiques d'URSS et dans les Balkans.

Pourtant, pourra-t-on se passer du nucléaire? Les États-Unis avaient répondu oui il y a dix ans. Aujourd'hui, ces dévoreurs d'énergie semblent changer d'avis et pourraient relancer l'énergie nucléaire. La Chine et certains pays d'Asie se posent moins de questions et construisent des centrales afin de répondre à la demande en énergie. L'Europe, enfin, est partagée: il y a les «contre», et les «pour» qui font remarquer que le nucléaire produit peu de gaz à effet de serre.

L'avenir du nucléaire semble néanmoins tenir à un fil. Car, de l'avis de nombreux experts, si demain un accident ou le crash d'un avion-suicide entraînait une catastrophe semblable à celle de Tchernobyl, ce serait la fin de cette forme d'énergie.

Exercice 1

Compréhension des mots-clés

Lisez le texte une fois en entier sans vous aider du dictionnaire. Ensuite trouvez les définitions ou synonymes dans la colonne de droite qui correspondent aux mots et expressions du texte dans la colonne de gauche. Les mots de la colonne de gauche sont donnés dans l'ordre où ils apparaissent dans le texte.

MOTS ET EXPRESSIONS DU TEXTE	DÉFINITIONS OU SYNONYMES
1 un casse-tête	a) vivre sans
2 survenu	b) le commerce illicite
3 mis au point	c) accroître la production d'énergie nucléaire
4 la fuite	d) construites
5 conçues	e) ces énormes consommateurs d'énergie
6 enfouir	f) enterrer
7 l'enfouissement	g) un problème difficile à résoudre
8 laisse encore des... sur les bras	h) développé
9 nourrie	i) aggravée
10 le trafic	j) l'enterrement
11 se passer de	k) être très fragile
12 ces dévoreurs d'énergie	l) n'élimine pas complètement tous les...
13 relancer l'énergie nucléaire	m) qui s'est produit
14 tenir à un fil	n) la perte

Exercice 2

Compréhension du texte

Relisez le texte en vous aidant des définitions et synonymes de l'exercice 1. Vous devriez le trouver plus facile à comprendre maintenant.

Exercice 3

Compréhension du texte

Lisez les déclarations ci-dessous et dites si elles sont vraies ou fausses. Si une déclaration est inexacte corrigez-la en français.

1 La question de l'énergie nucléaire est un sujet de controverse.
2 L'accident de Tchernobyl est survenu à cause des problèmes de l'EPR.
3 L'EPR est un réacteur plus propre.
4 Ces améliorations réduisent le risque de catastrophe suite à un acte de terrorisme.
5 Certains pensent qu'il vaut mieux ne pas enterrer les déchets radioactifs parce qu'au moins s'ils sont en surface on peut mieux les surveiller.

6 Le fait qu'on puisse acheter les matières radioactives sur le marché noir augmente le risque d'un attentat terroriste nucléaire.

7 Il y a dix ans les États-Unis ont décidé de développer l'énergie nucléaire, mais maintenant ils ont pris la décision d'arrêter.

8 La Chine et certains pays d'Asie ont une attitude plus terre-à-terre: ils ont besoin d'énergie, donc ils construisent des centrales nucléaires.

9 Le nucléaire est une énergie plus propre.

10 On continuerait à développer l'énergie nucléaire même si une attaque terroriste détruisait une centrale.

Exercice 4

Élargissement du vocabulaire

Depuis le 11 septembre on parle beaucoup plus de terrorisme. Trouvez au moins 5 mots ou expressions dans le deuxième, troisième et dernier paragraphes qui se rapportent à ce sujet.

Exercice 5

Élargissement du vocabulaire

Voici quelques exemples de mots qui appartiennent à une même 'famille'. Les mots tirés du texte sont en caractères gras:

VERBE	NOM	ADJECTIF
s'opposer à	l'opposition	opposé(e)
valoir	la valeur	valable
fuire	**la fuite**	fuyant
éviter	-----------	évitable inévitable
retraiter	**le retraitement**	retraité(e)

Complétez les phrases suivantes avec un nom qui appartient à la même 'famille' que le verbe entre parenthèses. Utilisez un dictionnaire si nécessaire. Tous les verbes entre parenthèses sont tirés du texte.

1 Le ____________ du nucléaire aux États-Unis est une possibilité imminente. ***(relancer)***

2 La ____________________________ de L'EPR n'a pas diminué les risques d'une catastrophe due au terrorisme. ***(mettre au point)***

3 Garder les déchets radioactifs en surface permet une ____________________ plus stricte. ***(surveiller)***

4 L'________________ d'une bombe contenant de l'uranium ou du plutonium entraînerait la _________________ de la radioactivité dans l'air. ***(exploser, disperser)***

5 La ______________________ de l'uranium n'est pas sans risque parce qu'il reste des déchets radioactifs. ***(réutiliser)***

6 La ____________________ de centrales se fait sans trop de débats en Chine et dans certains pays d'Asie. ***(construire)***

7 Il y a toujours eu de l' ____________________ au nucléaire en Europe. ***(opposer)***

8 L'____________________ dans le nucléaire est beaucoup plus important en France qu'en Allemagne ou aux États-Unis. ***(investir)***

Observations linguistiques

1) The use of the present participle as an alternative to the structure *qui* + verb

The following sentences taken from the text all contain present participles (verb forms ending in *-ant*). You will notice that they could all have been re-written using *qui* + verb instead of the present participle:

... un réacteur plus sûr, ***présentant*** *moins de risque de fuite radioactive et* ***produisant*** *moins de déchets.*

...un réacteur plus sûr, ***qui présente*** *moins de risque de fuite radioactive et* ***qui produit*** *moins de déchets.*

Quant au retraitement ***permettant*** *de réutiliser l'uranium,...*

Quant au retraitement ***qui permet*** *de réutiliser l'uranium,...*

Un groupe terroriste pourrait faire exploser une bombe... ***dispersant*** *ainsi la radioactivité dans l'air.*

Un groupe terroriste pourrait faire exploser une bombe... ***qui disperserait*** *ainsi la radioactivité dans l'air.*

2) The use of *en* + the present participle to express simultaneous actions

You may also remember that the present participle can be used to express simultaneous actions. When used like this, the participle is translated into English as 'while doing.../by doing.../on doing.../when doing...'. In French it is often introduced by the structure *C'est... que.*

Here are some examples:

C'est ***en étudiant*** *les dégâts de la catastrophe de Tchernobyl que l'industrie du nucléaire a pris la décision de développer un système pour éviter une catastrophe similaire.*

It was **while/when studying** the damage from the Chernobyl catastrophe that the nuclear industry decided to develop a system to avoid a similar catastrophe.

C'est ***en surveillant*** *les déchets radioactifs en surface que l'on peut être plus sûr de pouvoir intervenir en cas de fuite radioactive.*

It is **by monitoring** radioactive waste on the surface that we can be more certain of being able to intervene in case of a radioactive leak.

En faisant exploser *une bombe dans laquelle il y aurait de l'uranium ou du plutonium les terroristes mettraient probablement fin à l'énergie nucléaire.*

By exploding a dirty bomb terrorists would probably put an end to nuclear energy.

OBSERVATIONS LINGUISTIQUES

3) Formation of the present participle

To form the present participle take the *nous* part of the verb, remove the *-ons* ending and then replace it with *-ant*. For example:

regarder	nous regardons	regardant
finir	nous finissons	finissant
mettre	nous mettons	mettant

Exercice 6

Utilisation du participe présent

Traduisez les phrases suivantes en français en utilisant un participe présent.

1 A terrorist act which dispersed radioactivity in the air would be disastrous.
2 By burying our waste underground we are giving our descendants a 'poisoned chalice'.
3 By choosing nuclear power France made a controversial decision.
4 By building the EPR reactor they wanted to make the power stations safer.
5 Opponents of the new nuclear reactors are demanding a real debate concerning energy choices.
6 Several militants were holding placards *saying "Inactive today, radioactive tomorrow". (* Use the verb 'affirmer')
7 On exploding, the nuclear power station at Chernobyl sent a radioative cloud over Europe.

Exercice 7

Carnet de notes

Trouvez dans le texte les mots de liaison et les expressions qui suivent et notez-les. Vous pourrez ensuite les réutiliser dans vos rédactions ou dans vos discussions en français:

tout d'abord	first of all
notamment	in particular
vient ensuite le problème de...	and then comes the problem of ...
que faire?	what is to be done?/what can be done?
pourtant...	though, yet, even so
quant à...	as for...
enfin	finally
afin de...	in order to...
l'avenir de... semble néanmoins tenir à un fil	nevertheless, the future of ... seems to hang by a thread
de l'avis de nombreux experts	in the opinion of numerous experts

Exercice 8

Passage à l'écrit

Ecrivez une rédaction de 200 à 300 mots sur les risques du nucléaire dans le monde actuel. Essayez de réutiliser le vocabulaire et les expressions que vous avez appris et utilisez au moins deux participes présents.

Corrigés et Explications

Exercice 1

Compréhension des mots-clés

MOTS ET EXPRESSIONS DU TEXTE	DÉFINITIONS OU SYNONYMES
1 un casse-tête	g) un problème difficile à résoudre
2 survenu	m) qui s'est produit
3 mis au point	h) développé
4 la fuite	n) la perte
5 conçues	d) construites
6 enfouir	f) enterrer
7 l'enfouissement	j) l'enterrement
8 laisse encore des... sur les bras	l) n'élimine pas complètement tous les...
9 nourrie	i) aggravée
10 le trafic	b) le commerce illicite
11 se passer de	a) vivre sans
12 ces dévoreurs d'énergie	e) ces énormes consommateurs d'énergie
13 relancer l'énergie nucléaire	c) accroître la production d'énergie nucléaire
14 tenir à un fil	k) être très fragile

Exercice 3

Compréhension du texte

We have given explanations for all the answers, to help you understand why they are true or false.

1 VRAI. *"Une énergie discutée. Le nucléaire est un véritable casse-tête. Va-t-on l'arrêter ou le relancer?"*

A controversial energy. Nuclear energy is a real headache. Is it going to be abandoned or revived?

2 FAUX. L'EPR a été developpé après l'accident de Tchernobyl justement pour essayer d'empêcher un accident semblable.

"Pour éviter une catastrophe similaire, l'industrie du nucléaire a notamment mis au point l'EPR..."

To avoid a similar catastrophe, the nuclear industry developed the EPR in particular...

3 VRAI. *"un réacteur plus sûr, présentant moins de risque de fuite et produisant moins de déchets"*

A safer reactor, with a lower risk of leaks and producing less waste

4 FAUX. Ces améliorations n'ont pas été conçues en tenant compte de la menace du terrorisme. Elles ne réduisent donc pas du tout ce risque.

"Mais que valent ces précautions face à la nouvelle menace apparue avec le 11 septembre? Ni les anciennes ni les nouvelles centrales n'ont été conçues pour résister à de telles attaques-suicides"

But what are these precautions worth in the face of the new threat which has appeared following 11 September? Neither the old nor the new nuclear power stations were designed to withstand such suicide attacks.

5 VRAI. *"Surveiller les déchets en surface apparaît comme une solution plus sûre car elle permet d'intervenir en cas de fuite radioactive"*

Monitoring waste on the surface (as opposed to burying it) seems like a safer solution because it means that action can be taken in the case of a radioactive leak.

6 VRAI. *"Enfin, il y a la menace du terrorisme nucléaire... Une inquiétude nourrie par le trafic de matières radioactives dans les anciennes républiques d'URSS et dans les Balkans"*

Finally there is the threat of nuclear terrorism... A concern fuelled by the traffic of radioactive matter in the former Russian republics and in the Balkans.

7 FAUX. Il y a dix ans les États-Unis ont décidé de ne plus développer l'énergie nucléaire, mais maintenant ils pensent la relancer.

"Pourtant, pourra-t-on se passer du nucléaire? Les États-Unis avaient répondu oui il y a dix ans. Aujourd'hui ces dévoreurs d'énergie semblent changer d'avis et pourraient relancer l'énergie nucléaire"

Yet can we do without nuclear energy? The United States said that they could ten years ago. Today, these energy guzzlers seem to be changing their minds and could restart their nuclear energy programme.

8 VRAI. *"La Chine et certains pays d'Asie se posent moins de questions et construisent des centrales afin de répondre à la demande en énergie"*

China and certain Asian countries agonise less over the question and build nuclear power stations to supply their energy needs.

9 VRAI. *"L'Europe, enfin, est partagée: il y a les «contre», et les «pour» qui font remarquer que le nucléaire produit peu de gaz à effet de serre"*

And Europe is divided: there are those who are 'against' and those who are 'for', and who point out that nuclear energy does not produce much greenhouse gas.

10 FAUX. L'avenir du nucléaire est très précaire. Une telle attaque mettrait sûrement fin à l'énergie nucléaire une fois pour toutes.

"...si demain un accident ou le crash d'un avion-suicide entraînait une catastrophe semblable à celle de Tchernobyl, ce serait la fin de cette forme d'énergie"

If tomorrow an accident or the crash of a suicide aeroplane led to a catastrophe like the one at Chernobyl, it would mean the end of this form of energy.

Exercice 4

Élargissement du vocabulaire

Paragraphe 2: la nouvelle menace; résister à de telles attaques-suicides

Paragraphe 3: la menace du terrorisme nucléaire; un groupe terroriste; faire exploser une bombe

Dernier paragraphe: le crash d'un avion-suicide

Exercice 5

Élargissement du vocabulaire

1. Le ***relancement*** du nucléaire aux États-Unis est une possibilité imminente.
2. La ***mise au point*** de L'EPR n'a pas diminué les risques d'une catastrophe due au terrorisme.
3. Garder les déchets radioactifs en surface permet une ***surveillance*** plus stricte.
4. L'***explosion*** d'une bombe contenant de l'uranium ou du plutonium entraînerait la ***dispersion*** de la radioactivité dans l'air.
5. La ***réutilisation*** de l'uranium n'est pas sans risque parce qu'il reste des déchets radioactifs.
6. La ***construction*** de centrales se fait sans trop de débats en Chine et dans certains pays d'Asie.
7. Il y a toujours eu de l'***opposition*** au nucléaire en Europe.
8. L'***investissement*** dans le nucléaire est beaucoup plus important en France qu'en Allemagne ou aux États-Unis.

Exercice 6

Utilisation du participe présent

1. Un acte terroriste ***dispersant*** de la radioactivité dans l'air serait désastreux.
2. ***En enfouissant*** nos déchets dans le sous-sol nous donnons à nos descendants un 'cadeau empoisonné'.
3. ***En choisissant*** le nucléaire la France a pris une décision controversée.
4. ***En construisant*** le réacteur EPR on a voulu rendre les centrales plus sûres.
5. Les opposants aux nouveaux réacteurs nucléaires exigent un véritable débat ***concernant*** les choix énergétiques.
6. Plusieurs militants portaient des pancartes ***affirmant*** "Inactifs aujourd'hui, radioactifs demain".
7. ***En explosant,*** la centrale de Tchernobyl a envoyé un nuage radioactif sur l'Europe.

Exercice 8

Passage à l'écrit

This model essay is one example of the way that you might have tackled this task. No doubt your own essay will be very different. Read this one carefully, note how the vocabulary and expressions that you worked on in the unit have been re-used and make a note of any useful phrases that would have made your own essay better. The present participles we have included are shown in bold type, as are some of the expressions given in the *Carnet de notes* section.

Le nucléaire est une énergie **comportant** trois risques principaux. **Tout d'abord**, celui d'une explosion, comme celle de la centrale de Tchernobyl, survenue en 1986 en URSS, qui a dispersé un nuage radioactif sur pratiquemment toute l'Europe. **Vient ensuite** le danger créé par les déchets qui peuvent rester actifs pendant des millions d'années. Et **enfin** la menace du terrorisme et d'une bombe **contenant** de l'uranium ou du plutonium.

Que faire pour éviter ces risques? Une catastrophe comme celle de 86 peut-elle maintenant être évitée grâce à des réacteurs plus sûrs, comme l'EPR? Ce nouveau réacteur, mis au point par l'industrie du nucléaire, semble offrir une diminution des risques de fuite. Il semble également produire moins de déchets. Mais 'moins' n'est pas suffisant. Que faire de ces déchets? Les enterrer? Mais quel pays accepte de bon cœur l'enfouissement de matières radioactives dans son sous-sol? On pourrait surveiller ces déchets en surface, ou les retraiter pour fabriquer de l'uranium. Mais cela ne les élimine pas tous. **Quant au** terrorisme nucléaire, comment peut-on lutter contre cette menace? Surtout si certains pays ferment les yeux sur le commerce illicite des matières radioactives. Il est évident que si un avion-suicide s'écrasait sur une centrale cela mettrait fin immédiatement à la production de cette forme d'énergie… mais trop tard.

En attendant, les faits le prouvent: le nucléaire, malgré tous ses risques, est partout dans le monde. Certains pays, notamment la Chine, ont besoin d'énergie et continuent à construire des centrales. Les États-Unis pensent relancer cette forme d'énergie, dont ils croyaient pouvoir se passer il y a dix ans. Et la France ne consacre malheureusement que 10% de son budget pour la recherche énergétique à d'autres formes de production.

6 Les risques pris par les jeunes

ARTICLE

POURQUOI LES JEUNES ONT-ILS BESOIN DE FRISSONS DE PLUS EN PLUS FORTS?

Rouler toujours plus vite!

Hélas, les chiffres sont clairs: la route est la première cause de mortalité pour les 15-24 ans... Et si les jeunes y sont aussi vulnérables, c'est qu'ils y cherchent le grand frisson: en roulant en Mobylette sans casque, en fonçant toujours plus vite à moto, en grillant quelques feux rouges, en prenant le volant l'esprit embrouillé par l'alcool... D'ailleurs, ils sont nombreux à reconnaître prendre volontairement des risques au volant. «Quand j'ai eu mon permis, je faisais attention à ma consommation d'alcool, car j'avais peur de la police», raconte ainsi Patrice, 22 ans. «Mais j'ai vite pris l'habitude de conduire bourré. Un jour, revenant d'une fête, je suis rentré dans un arbre. J'avais 1,16 g d'alcool dans le sang...»

Pourquoi prennent-ils tant de risques?

Parce qu'ils ont atteint un âge où ils sont en pleine possession de leurs capacités physiques et où ils se sentent volontiers invulnérables. La voiture devient alors une formidable machine à sensations fortes.

«J'adore la vitesse, prendre des courbes à fond», explique ainsi Olivier, jeune motard de 21 ans. Je monte parfois jusqu'à 280 km / h! Mais pour moi, ce n'est pas la vitesse qui est dangereuse, mais la façon de conduire...»

Les sensations procurées par la vitesse sont, en effet, très particulières. Le conducteur est stimulé, il se sent au sommet de la vigilance et il a l'impression de maîtriser parfaitement son environnement. Sous l'effet de la fameuse montée d'adrenaline, le jeune se croit alors au-dessus de tout!

Griller un feu rouge, faire un excès de vitesse ou conduire en étant saoul n'entraîne pas systématiquement un accident, après tout... «Je l'ai déjà fait; j'en suis sorti indemne; pourquoi il m'arriverait quelque chose aujourd'hui?» sont-ils tentés de se dire. De même que des ados usent de formules trompe-la-mort, comme «le Bon Dieu des alcooliques me protège» ou encore «C'est la voiture qui me ramène»...

Que peuvent faire les parents?

Inutile de leur faire peur avec la mort. À cet âge-là, les jeunes se sentent volontiers invulnérables: en pleine possession de leurs moyens physiques, grisés par un sentiment nouveau d'indépendance, ils aiment flirter avec la mort, et s'imaginent qu'y échapper les valorise. Ils ont ainsi l'impression d'exercer un certain pouvoir sur leur vie... En revanche, la crainte de blesser un ami est un argument porteur! Et même si ce n'est pas ce qui peut leur arriver de pire, la peur du gendarme est toujours présente.

Avoir un discours cohérent. Inutile de leur faire la leçon sur les dangers de l'alcool au volant, si on se permet souvent de prendre le volant après un repas de famille bien arrosé!

L'aider à trouver des solutions pratiques pour ne pas se mettre en danger. Il va à une fête chez des amis? Pourquoi ne pas dormir sur place? Une sortie en boîte de nuit s'annonce? Désigner avant un conducteur qui ne boira pas d'alcool est une solution.

L'encourager à réagir s'il est passager d'une voiture dont le conducteur lui paraît dangereux. Même si cela lui semble dur à l'âge où on a peur de passer pour un ringard, il faut l'inciter à refuser de monter ou prendre les clefs et conduire.

Garçons et filles: égaux devant le risque?

Pas vraiment. Les garçons prennent plus de risques que les filles, et de manière différente. À la puberté, les jeunes hommes voient leur force musculaire multipliée par deux. Et ils ressentent le besoin d'essayer et de «pousser à fond» ce nouveau corps avec des sensations fortes, notamment physiques. En revanche, chez les adolescentes, la prise de risque la plus forte se situe au niveau des sentiments, et c'est dans les relations amoureuses que les filles en prennent le plus. Motivées par la passion, elles peuvent, par exemple, passer à l'acte, sans se protéger, ou accepter une relation sexuelle pour éliminer une rivale...

Exercice 1

Compréhension des mots-clés

Lisez le texte en entier sans utiliser de dictionnaire et trouvez l'équivalent français des mots et expressions suivants. (Ils sont dans l'ordre où ils apparaissent dans le texte.)

Du titre jusqu'à 'qui me ramène»...'

1 thrills
2 with their mind confused by alcohol
3 drunk (slang)
4 going around corners at top speed
5 going through a red light
6 drunk
7 I escaped unscathed/unhurt
8 daredevil expressions

De 'Que peuvent faire...' jusqu'à la fin

9 intoxicated by
10 boosts their image
11 the fear
12 a weighty argument
13 policeman
14 washed down with a lot to drink
15 choose
16 to look uncool
17 to push ... to the limit
18 to have sex

Exercice 2

Recherche des synonymes

Trouvez dans un dictionnaire au moins un autre synonyme pour les mots 'saoul' ou 'bourré'.

Exercice 3

Compréhension du texte

En vous aidant du vocabulaire de l'exercice 1, relisez le texte et dites si les déclarations suivantes sont vraies ou fausses.

1 La plupart des morts parmi les jeunes sont dues au fait qu'ils roulent en Mobylette sans casque.
2 La raison pour ce taux élevé de morts est le fait que les jeunes prennent des risques pour se procurer des sensations fortes.
3 La plupart des jeunes ne connaissent pas les dangers posés par la conduite en état d'ivresse.
4 Quand un jeune prend des risques l'adrenaline lui donne l'impression qu'il est tout puissant et qu'il peut tout faire.
5 Le fait qu'un accident ne survienne pas forcément quand les jeunes prennent des risques les incite à penser qu'ils sont immortels.
6 Pour les parents, essayer de convaincre un jeune qu'il risque de blesser un de ses amis est moins efficace que de lui parler des risques de sa propre mort.
7 Les parents devraient tenter d'aider le jeune à trouver une façon prudente d'agir qui le mette hors de danger.
8 C'est sur le plan sentimental et sexuel que les filles, elles, prennent le plus de risques.

Exercice 4

Compréhension du texte

Complétez le texte à l'aide des mots de l'encadré.

Les accidents de la ______________ représentent le ______________ le plus important pour les jeunes. On peut se demander pourquoi ils semblent insensibles aux ______________ que procurent les excès de ______________ et la consommation d'alcool. Ils les connaissent, pourtant, mais ils ont une très grande envie de vivre des sensations ______________ et de montrer qu'ils sont indépendants. Ils se ______________ immortels et ont du mal à croire qu'un accident ______________ leur arriver.

Les parents qui veulent aider leurs adolesents à être plus ______________ devraient eux-mêmes, pour commencer, ne pas conduire après avoir ______________. Ils devraient persuader le jeune que sa conduite ______________ peut poser un risque pour ses amis et qu'il devrait ____________ si l'un d'eux est sur le point de conduire en état d' ____________.

Quant aux filles, elles prennent moins de risques au ______________ de la route. Pour elles les dangers se situent plutôt sur le ______________ sentimental. Elles peuvent se retrouver dans une relation sexuelle pour des raisons peu ______________ et, de plus, sans prendre de ______________.

fortes ● **niveau** ● **plan** ● **bu** ● **pourrait** ● **route** ● **précautions** ● **danger** ● **dangereuse** ● **valables** ● **sentent** ● **risques** ● **intervenir** ● **vitesse** ● **prudents** ● **ivresse**

Exercice 5

Compréhension de 'y' et 'en'

Que représentent les pronoms 'y' et 'en' dans ces phrases du texte?

1 Et si les jeunes ***y*** sont aussi vulnérables, c'est qu'ils ***y*** cherchent le grand frisson.
2 et s'imaginent qu'***y*** échapper les valorise.
3 *j'**en*** suis sorti indemne
4 c'est dans les relations amoureuses que les filles ***en*** prennent le plus.

Exercice 6

Repérage des verbes réfléchis

Lisez le texte rapidement et notez tous les verbes réfléchis (*reflexive verbs*) qui s'y trouvent. Traduisez en anglais la phrase dans laquelle vous les trouvez à l'aide d'un dictionnaire si nécessaire.

Par exemple: *ils **se sentent** volontiers invulnérables* – they easily **feel** invulnerable.

Observations linguistiques

Word order with reflexive verbs

In this section are some examples to remind you of word order in French when using reflexive verbs in different tenses and with the negative.

The tenses which you need to think about are the compound tenses (ones which are made up of more than one verb).

Perfect tense

Je ***me suis senti(e)*** *maître de tout.*
I felt in control of everything.

Il ***s'est dit*** *que la prochaine fois il ne boirait pas.*
He told himself that the next time he wouldn't drink.

Elle ne ***s'est*** *pas protégée et elle est tombée enceinte.*
She didn't take precautions and she got pregnant.

As you can see, in the case of the perfect tense the reflexive pronoun comes before the auxiliary verb *être*.

Pluperfect tense

The same rule applies in the pluperfect:

Avant l'accident il ***s'était*** *toujours* ***imaginé*** *que rien ne lui arriverait.*
Before the accident he had always thought that nothing would happen to him.

Ce jour-là sa copine ne ***s'était*** *pas* ***permis*** *de boire parce qu'elle allait conduire.*
That day his girlfriend didn't (allow herself to) drink / hadn't drunk anything because she was going to drive.

Elle ***s'était convaincue*** *que coucher avec son copain était le seul moyen de le garder.*
She had convinced herself that sleeping with her boyfriend was the only way to keep him.

Immediate future

The reflexive pronoun goes before the infinitive:

Si tu continues comme ça tu ***vas te retrouver*** *en prison.*
If you go on like that you're going to find yourself in prison.

Je sais qu'un jour je ***vais me faire arrêter*** *par la police.*
I know that one day I'm going to be stopped by the police.

Elle ne ***va*** *pas* ***s'arrêter*** *de boire?*
Is she never going to stop drinking?

Exercice 7

Réutilisation du vocabulaire et des verbes pronominaux

Traduisez les phrases suivantes en français:

1. When I am behind the wheel I feel immortal, even if I'm drunk.
2. I am sure that my brother thinks he's invulnerable.
3. When I got my driver's licence I told myself I would never take risks.
4. You'll put yourself in danger if you go through red lights!
5. I allow myself to drink only one beer if I am driving.
6. With girls the greatest danger is not on the level of risks taken on the road.
7. He hadn't taken precautions: he hadn't worn a helmet.

Exercice 8

Carnet de notes

Trouvez dans le texte les mots de liaison et les expressions qui suivent et notez-les. Vous pourrez ensuite les réutiliser dans vos rédactions ou dans vos discussions en français:

hélas	unfortunately / alas
d'ailleurs	besides / in fact
en effet	indeed
(pas) systématiquement	(not) necessarily / systematically
après tout	after all
de même que	just as
inutile de (faire)	it's no good (doing) / there's no point in (doing)
à cet âge-là	at that age
en revanche	on the other hand
... est un argument porteur	is a weighty argument
et même si	and even if
pourquoi ne pas (+ infinitive)	why not...
même si cela semble...	even if that seems...

Exercice 9

Passage à l'écrit

Ecrivez une rédaction de 200 à 300 mots intitulée 'Pourquoi les jeunes prennent-ils des risques sur la route et ailleurs?' Essayez de réutiliser le vocabulaire et les expressions que vous avez appris et utilisez deux ou trois verbes réfléchis.

Corrigés et Explications

Exercice 1

Compréhension des mots-clés

Du début jusqu'à 'qui me ramène»...'

1 thrills – *frissons*
2 with their mind confused by alcohol – *l'esprit embrouillé par l'alcool*
3 drunk – *bourré*
4 going around corners at top speed – *prendre des courbes à fond*
5 going through a red light – *griller un feu rouge*
6 drunk – *saoul*
7 I escaped unscathed/unhurt – *j'en suis sorti indemne*
8 daredevil expressions – *formules trompe-la-mort*

De 'Que peuvent faire...' jusqu'à la fin

9 intoxicated by – *grisés par*
10 boosts their image – *les valorise*
11 the fear – *la crainte*
12 a weighty argument – *un argument porteur*
13 policeman – *gendarme*
14 washed down with a lot to drink – *bien arrosé*
15 choose – *désigner*
16 to look uncool – *passer pour un ringard*
17 to push ... to the limit – *pousser à fond...*
18 to have sex – *passer à l'acte*
(Note that *passer à l'acte* means 'to take action' in other contexts)

Exercice 2

Recherche des synonymes

ivre also means **drunk**

bourré is a more colloquial expression, and there are many more colloquial synonyms, as you can imagine. These include ***beurré, paf* and *pété*.** To say 'to be drunk' you can also say ***avoir une cuite.***

Note that ***saoul*** can also be spelt ***soûl.***

Exercice 3

Compréhension du texte

1 FAUX. The text does mention *en roulant en Mobylette sans casque* but it is just one of several examples of the risks that young people take on the road to get thrills, including speeding, going through red lights and drink driving.

"en fonçant toujours plus vite à moto, en grillant quelques feux rouges, en prenant le volant l'esprit embrouillé par l'alcool"

2 VRAI. They take risks because they get a thrill out of it.

"ils y cherchent le grand frisson"

3 FAUX. Nowhere does the text suggest that young people are unaware of the dangers of drink driving. On the contrary it points out that many young people knowingly take risks when driving.

"ils sont nombreux à reconnaître prendre volontairement des risques au volant."

Patrice admits that although when he first passed his driving test he was careful about how much he drank, he soon took to driving even when drunk.

Note: Did you guess the meaning of *en état d'ivresse (under the influence of drink/in a drunken state)* from the word *ivre*, meaning 'drunk'?

4 VRAI. Speed stimulates the driver. He feels as if his powers of observation are heightened, as if he dominates his environment. The increase in adrenaline makes him feel as if he's all-powerful.

"Le conducteur est stimulé, il se sent au sommet de la vigilance et il a l'impression de maîtriser parfaitement son environnement. Sous l'effet de la fameuse montée d'adrenaline, le jeune se croit alors au-dessus de tout!"

5 VRAI. Part of the problem is that young people are aware that they can take risks and get away with it a lot of the time. Accidents don't happen on every occasion, and this makes young people think that they are invulnerable. This whole idea is expressed in the paragraph that starts with:

"Griller un feu rouge, faire un excès de vitesse ou conduire en étant saoul n'entraîne pas systématiquement un accident," and ends with *"«C'est la voiture qui me ramène»".*

6 FAUX. The opposite is true. Because young people feel that they are invulnerable, trying to tell them that they could die in an accident has little effect. It is better for parents to point out to them that they risk injuring one of their friends.

"Inutile de leur faire peur avec la mort. ... En revanche, la crainte de blesser un ami est un argument porteur!"

7 VRAI. Several examples are given of ways in which young people can be helped to find practical solutions so that they don't put themselves in dangerous situations: sleeping at a friend's house after a party (the implication being, instead of driving back drunk), choosing a driver who won't drink, taking some positive action if they're a passenger in a car whose driver looks as if he might be dangerous. They suggest that even if they're afraid of looking uncool it's better not to get into the car or to drive instead of the drunk driver. This is expressed in the two paragraphs that start with: *"L'aider à trouver des solutions pratiques pour ne pas se mettre en danger",* and end with *"il faut l'inciter à refuser de monter ou prendre les clefs et conduire."*

8 VRAI. The text suggests that girls, les adolescentes, are more likely to take risks on an emotional rather than a physical level. This can result in them having unprotected sex or starting a sexual relationship for a reason such as eliminating a rival in love.

"En revanche chez les adolescentes, la prise de risque la plus forte se situe au niveau des sentiments, et c'est dans les relations amoureuses que les filles en prennent le plus. Motivées par la passion, elles peuvent, par exemple, passer à l'acte, sans se protéger, ou accepter une relation sexuelle pour éliminer une rivale..."

Exercice 4

Compréhension du texte

Les accidents de la **route** représentent le **danger** le plus important pour les jeunes. On peut se demander pourquoi ils semblent insensibles aux **risques** que procurent les excès de **vitesse** et la consommation d'alcool. Ils les connaissent, pourtant, mais ils ont une très grande envie de vivre des sensations **fortes** et de montrer qu'ils sont indépendants. Ils se **sentent** immortels et ont du mal à croire qu'un accident **pourrait** leur arriver.

Les parents qui veulent aider leurs adolescents à être plus **prudents** devraient eux-mêmes, pour commencer, ne pas conduire après avoir **bu**. Ils devraient persuader le jeune que sa conduite **dangereuse** peut poser un risque pour ses amis et qu'il devrait **intervenir** si l'un d'eux est sur le point de conduire en état d'**ivresse**.

Quant aux filles, elles prennent moins de risques au **niveau** de la route. Pour elles, les dangers se situent plutôt sur le **plan** sentimental. Elles peuvent se retrouver dans une relation sexuelle pour des raisons peu **valables** et, de plus, sans prendre de **précautions**.

Exercice 5

Compréhension de 'y' et 'en'

1 Et si les jeunes ***y*** sont aussi vulnérables, c'est qu'ils ***y*** cherchent le grand frisson.

In both phrases ***y*** represents a place: *(sur) la route.*

And if young people are so vulnerable **on it** (the road) it's because that's **where** they are looking for thrills.

2 et s'imaginent qu'***y*** échapper les valorise.

Here ***y*** replaces la mort. It is used because the verb *échapper* is followed by the preposition ***à***: *échapper **à** la mort.*

(they like to flirt with death) and think that escaping **from its clutches** boosts their image.

3 j'***en*** suis sorti indemne.

En replaces the situations quoted before: *griller un feu rouge/faire un excès de vitesse/conduire en étant saoul.* It is used here because the verb *sortir indemne* is followed by the preposition ***de***, e.g. *sortir indemne **d'**un accident.*

I escaped (**from it**) unscathed.

4 c'est dans les relations amoureuses que les filles ***en*** prennent le plus.

En stands for *des risques*, implicitly mentioned earlier in the sentence in *la prise de risque.*

it's in romantic relationships that girls take most (**risks**).

Exercice 6

Repérage des verbes réfléchis

*ils **se sentent** volontiers invulnérables* – they easily feel invulnerable

*il **se sent** au sommet de la vigilance* – he feels as if his powers of observation are heightened / he feels as if he is at the peak of his attention / as if his attention is at its height

*le jeune **se croit** alors au-dessus de tout!* – the young person then believes that he is above everything / on top of everything

*... sont-ils tentés de **se dire*** – they are tempted to tell themselves

*les jeunes **se sentent** volontiers invulnérables* – young people easily feel invulnerable *si on* ***se permet*** *souvent de prendre le volant...* – if you often let yourself get behind the wheel

pour ne pas ***se mettre*** *en danger* – that will not put him in danger

Une sortie en boîte ***s'annonce****?* – Is an evening out at a night club coming up?

la prise de risque la plus forte ***se situe*** *au niveau de ses sentiments* – the greatest risk-taking is on the emotional level

passer à l'acte, sans ***se protéger*** – to have unprotected sex

Exercice 7

Réutilisation de vocabulaire et des verbes pronominaux

1 Quand je suis au volant je me sens immortel, même si je suis ivre.
(Note: You may have chosen to use another of the synonyms for *ivre*.)
2 Je suis sûr(e) que mon frère se croit invulnérable.
3 Quand j'ai eu mon permis de conduire, je me suis dit que je ne prendrais jamais de risques.
4 Tu vas te mettre en danger si tu grilles les feux rouges!
5 Je me permets de boire une seule bière/seulement une bière si je conduis.
6 Chez les jeunes filles le plus grand danger ne se situe pas au niveau des risques pris sur la route.
7 Il ne s'était pas protégé: il n'avait pas mis de casque.

Exercice 9

Passage à l'écrit

This model essay is one example of the way that you might have tackled this task. No doubt your own essay will be very different. Read this one carefully, note how the vocabulary and expressions that you worked on in the unit have been re-used and make a note of any useful phrases that would have made your own essay better. The reflexive verbs that we have included are shown in bold type, as are a few of the expressions given in the *Carnet de notes* section.

Les jeunes prennent des risques sur la route pour plusieurs raisons. Tout d'abord, ils sont arrivés à un âge où ils **se sentent** en pleine possession de leurs capacités physiques. Ils ont donc l'impression d'être absolument invulnérables. Ils ont aussi besoin d'indépendance et faire ce qu'ils veulent sur la route leur donne l'impression d'être totalement indépendants, des parents, des gendarmes, et autres adultes. Ensuite la vitesse elle-même est stimulante, l'adrénaline monte et ces jeunes conducteurs **se croient** parfaitement maîtres de leurs réflexes. S'ils ont déjà grillé des feux rouges ou fait des excès de vitesse et que rien n'est arrivé ils **se disent** que rien ne va jamais arriver; ils ont l'impression d'être protégés. Echapper à la mort les valorise aux yeux de leurs copains. Pour finir, ils conduisent souvent en état d'ivresse parce qu'ils ne veulent pas passer pour des ringards. **En effet** les autres pourraient **se moquer** d'eux s'ils refusaient de prendre le volant quand ils ont trop bu.

Les filles, **en revanche**, sont plus prudentes sur la route. Mais **à cet âge-là** elles sont très vulnérables sur le plan sentimental. Elles prennent donc des risques au niveau des relations amoureuses. La passion qu'elles éprouvent pour un garçon peut les motiver à passer à l'acte simplement pour être sûres d'éliminer des rivales et **hélas** elles le font souvent sans prendre de précautions, ce qui est un gros risque.

7 L'obésité en France

Exercice 1

Préparation à la lecture

Avant de lire le texte dites si d'après vous les affirmations suivantes sont vraies ou fausses.

1. 10% des Français sont obèses.
2. L'obésité chez les moins de 10 ans en France est très rare.
3. Le problème de surpoids chez les jeunes est dû en partie au fait qu'ils passent beaucoup de temps devant la télévision et les jeux vidéo.
4. Il y a moins de gens obèses aux Etats-Unis qu'en France.
5. Le taux d'obésité augmente constamment en France.
6. Il y a autant d'obèses chez les femmes que chez les hommes.

ARTICLE

ALERTE! ENTRE SURPOIDS ET OBÉSITÉ, LA POPULATION FRANÇAISE EST EN DANGER!

Un Français sur dix est obèse! Et le phénomène n'épargne personne puisqu'il concerne 15% d'enfants de moins de dix ans et la majorité des seniors de plus de soixante-cinq ans. De surcroît, un Français sur trois peut être considéré comme étant en état de surcharge pondérale... On avait déjà la balance de ménage et le pèse-personne, et maintenant l'IMC (indice de masse corporelle) est devenu le cauchemar n° 1 des nutritionnistes, mais aussi des mères de famille... Selon les constatations de l'OMS (Organisation Mondiale de la Santé), si l'IMC – c'est-à-dire le poids (en kilos) divisé par le carré de la taille (en mètre) – est compris entre18,5 et 24,9, le poids est normal; entre 25 et 29,9, il y a surpoids; au-delà de 30, on parle d'obésité.

On est, certes, encore loin des Etats-Unis avec ses 30% d'adultes atteints d'obésité. Mais si la progression actuelle en France continue, on atteindra les mêmes chiffres en 2020.

Les risques: complications cardiaques et vasculaires (hypertension artérielle par exemple), diabète, problèmes d'arthrose, affections digestives et respiratoires, certains cancers, sans oublier les difficultés rencontrées dans la vie sociale.

Les causes: Culturelles? Génétiques?

Aucune région, aucune catégorie sociale ne sont aujourd'hui à l'abri, alors qu'avant 2000, la région Sud-Est et l'Ile de France étaient peu affectées. Par ailleurs, on rencontrait plus d'obèses parmi les artisans, commerçants, ouvriers, ou agriculteurs. Or, en l'espace de cinq ans, les cas d'obésité chez les cadres supérieurs et les professions libérales sont passés de 5,5 à 8,3%...

Les statistiques le prouvent: Nous ne sommes pas tous égaux face à l'obésité. Mais les gènes, même dans les familles dites «prédisposées», ne sont pas seuls responsables: d'autres facteurs liés au mode de vie des personnes, tels que la sédentarité, les habitudes alimentaires, etc... entrent aussi en jeu.

L'alimentation en faute?

Une enquête, menée pendant plusieurs années auprès de milliers de Français âgés de quarante-cinq à soixante ans, a révélé une amélioration notable et encourageante de l'équilibre nutritionnel: la consommation régulière de yaourts, de fruits, de soupes, et la tendance à manger un peu moins de produits riches en matières grasses ont permis de corriger la courbe, même si l'on consomme encore trop d'acides gras saturés à travers les laitages, sucreries et viennoiseries... Quant au pourcentage d'obèses, plus important chez les hommes que chez les femmes, il serait imputable, notamment, à un excès de consommation de sodas et d'alcool (vin et bière)...

Le mode de vie?

L'inadéquation entre nos habitudes alimentaires et notre mode de vie est flagrante: on n'étonnera personne en affirmant que les aliments cuisinés à partir de produits frais sont à privilégier: les plats achetés tout préparés dans le commerce, font davantage grossir (rendus plus caloriques par les adjonctions de sel, et autres «exhausteurs de goût»...). Rien ne vaut la «bonne purée maison» non lyophilisée, le pot-au-feu de grand-mère ou sa purée de pois cassés...

Autre évidence: les heures passées devant la télévision et les jeux vidéo peuvent expliquer la forte progression de cas d'obésité relevés chez les personnes âgées et chez les enfants. Quand on sait que trois-quarts d'heure de marche par jour pourraient réduire de moitié leur tendance à grossir, on est sur la bonne voie: il faut savoir limiter les calories que l'on absorbe, mais aussi apprendre à les brûler!

viennoiseries	pastries such as croissants, brioches, buns, etc.
inadéquation	imbalance
lyophilisée	freeze-dried
purée de pois cassés	split pea soup

Exercice 2

Compréhension des mots-clés

Lisez maintenant le texte en entier sans utiliser de dictionnaire et trouvez l'équivalent français des mots et expressions suivants. Ils sont dans l'ordre où ils apparaissent dans le texte.

1 excess weight
2 doesn't spare anybody
3 moreover
4 overweight
5 kitchen scales
6 bathroom scales
7 nightmare
8 square
9 height
10 digestive problems
11 spared
12 craftsmen
13 senior management
14 professional people
15 come into play
16 fat
17 attributed to
18 blatant
19 should be given priority
20 Grandma's stew

Exercice 3

Compréhension du texte

Retournez à l'exercice 1 et relisez le texte pour vérifier si vous avez répondu correctement. Modifiez les affirmations incorrectes pour les rendre correctes.

Exercice 4

Compréhension du texte

Relisez maintenant le texte et répondez aux questions suivantes en anglais.

1 What might possibly happen in 2020 in France, and under what circumstances?
2 Work out your own IMC. Which category do you fall into?
3 List the health risks that are associated with being overweight.
4 What does the text say about the relationship between excess weight and social class/ geographical area now and in the past?
5 According to the text, what factors, other than genetic predisposition, affect whether someone becomes obese or not?
6 Overall are the French eating more or less healthily than previously? Give details.
7 Why is it that there are more men than women who are overweight?
8 What type of food should people choose if they don't want to gain too much weight?
9 What measures could children and old people take to reduce the increase in obesity?

Observations linguistiques

The language of statistics and surveys

In your reading you will often come across texts which talk about the results of surveys. You may well be expected to write essays or make presentations which include statistics and survey results. It is therefore worth taking a closer look at the vocabulary and expressions which typically crop up when talking about statistics and surveys. This text contains many of them that are worth learning.

To introduce the survey:

*Une enquête, **menée** pendant plusieurs années **auprès de** milliers de Français...*	A survey, **carried out** over several years **among** thousands of French people...

To talk about statistics:

*Un Français **sur dix**/**un** Français **sur trois***	**One out of ten** French people/**one out of three** French people
*il concerne **15% d'**enfants **de moins de** dix ans*	it concerns **15% of** children **under** ten years of age
la majorité des seniors **de plus de** soixante-cinq ans	**the majority of** senior citizens **over** sixty-five years old
***entre** 18,5 **et** 24,9*	**between** 18.5 **and** 24.9
***au-delà de** 30*	**above** 30 / **beyond** 30
***en l'espace de** cinq ans*	**in the space of** five years
*les cas de ... **sont passés de** 5,5 **à** 8,3%*	the cases of ... **went from** 5.5 **to** 8.3%
*la forte **progression de** cas de...*	the marked **increase in** cases of...
réduire de moitié	reduce by half/cut by a half
une amélioration	an improvement
la courbe	the curve (on a graph)

Other common expressions and words that you might find useful include:

le taux de	the level/rate of
une diminution	a decrease
une augmentation	an increase
une hausse	an increase
être en hausse	to be on the increase
une aggravation/une détérioration	a worsening/a deterioration
la plupart de	most (of)
par rapport à	in comparison with
en moyenne	on average
de plus en plus	more and more
de moins en moins	less and less/fewer and fewer
une minorité de	a minority of
près de la moitié (de)	nearly half (of)
le tiers (de)	a third (of)
le quart (de)	a quarter (of)
la proportion de	the proportion of
*56% de la population pensent que... **contre** 44% qui croient que...*	56% of the population think that... **against** 44% who think that...

Exercice 5

Réutilisation de vocabulaire

Vous allez maintenant réutiliser le vocabulaire des statistiques dans un contexte similaire. Complétez le texte suivant en utilisant les mots de l'encadré.

En France, plus d'____________________ des 26 à 75 ans (32,2%) se déclarent actuellement fumeurs. ____________________, les fumeurs réguliers consomment 15,2 cigarettes par jour.

Qu'en est-il des jeunes? Les chiffres montrent que le nombre de jeunes fumeurs en France a ____________________ au cours des années. De 1977 à 1991, la ____________________ de fumeurs a nettement diminué ____________________ les filles et les garçons. Parmi les 12 à 18 ans le nombre de fumeurs ____________________ 43% ____________________ 29% chez les filles et de 48 ____________________ 31% chez les garçons. Malgré cette ____________________ il reste beaucoup à faire.

En France le tabagisme est la première cause de mortalité évitable. Une étude récente a révélé une ____________________ mortels de cancer des poumons. ____________________ 1980 et 2000 le ____________________ de mortalité chez les femmes dû au tabagisme en France a ____________________ de plus de 50%, tandis que chez les hommes on a vu une augmentation de ____________________ 50%. S'il n'y a pas d'____________________ on prédit qu'en 2015 ____________________ de femmes (12 000) mourront du cancer des poumons qu'en 1980.

à ● à ● diminué ● augmenté ● réduction ● amélioration ● proportion ● forte progression de cas ● six fois plus ● presque ● un tiers ● taux ● chez ● est passé de ● en moyenne ● entre

Exercice 6

Carnet de notes

Trouvez dans le texte les mots de liaison et les expressions qui suivent et notez-les Vous pourrez ensuite les réutiliser dans vos rédactions ou dans vos discussions en français:

de surcroît	moreover
selon	according to
certes	admittedly
alors que	whereas
par ailleurs	furthermore/in addition
or	and yet
Nous ne sommes pas tous égaux face à...	we are not all equal in the face of...
quant à	as for/ as far as ... is concerned
on n'étonnera personne en affirmant que	nobody will be surprised to learn that
rien ne vaut	nothing is better than
on est sur la bonne voie	you're on the right track

Exercice 7

Passage à l'écrit

Vous trouverez ci-dessous des statistiques sur l'obésité en Angleterre. Si vous habitez ailleurs, en Ecosse, au Canada, etc., recherchez vous-même les statistiques adéquates. Ecrivez une rédaction de 200 à 300 mots en utilisant ces faits pour expliquer la situtation. Essayez de réutiliser le vocabulaire et les expressions que vous avez appris et au moins quatre expressions du langage des statistiques.

- Obesity in England has tripled over the last 20 years and continues to rise.
- The problem is increasing faster than in most other European countries.
- In 1980 8% of women and 6% of men were obese.
- Today nearly two-thirds of men and over half of women in England are now overweight and one in five is obese.
- If growth continues at the same rate around one-third of adults and over half of children will be obese by 2020.

Analysis shows that:

- People in lower socio-economic groups have increased risk of obesity.
- Prevelance is higher in certain ethnic minority groups.
- Obesity is a growing problem in all regions of England and in all social classes.
- Most likely causes are sedentary lifestyle and changes in eating patterns.
- Solutions include increasing amount of physical exercise that school children do each week, improving nutritional standards of school lunches, projects to promote fruit and vegetable eating, reducing the amount of sugar, salt and fat in processed food.

Corrigés et Explications

Exercice 1

Préparation à la lecture

Answers to this exercise will be given later.

Exercice 2

Compréhension des mots-clés

1 excess weight – *surpoids*

2 doesn't spare anybody – *n'épargne personne*

3 moreover – *de surcroît*

4 overweight – *en état de surcharge pondérale*

Note: this is the more polite way to express the idea in French.

5 kitchen scales – *la balance de ménage*

6 bathroom scales – *le pèse-personne*

7 nightmare – *le cauchemar*

8 square – *le carré*

9 height – *la taille*

10 digestive problems – *affections digestives*

11 spared – *à l'abri*

12 craftsmen – *les artisans*

13 senior management – *les cadres supérieurs*

14 professional people – *les professions libérales*

15 come into play – *entrent en jeu*

16 fat – *matières grasses*

17 attributed to – *imputable à*

18 blatant – *flagrante*

19 should be given priority – *sont à privilégier*

20 Grandma's stew – *le pot-au-feu de grand-mère*

Exercice 3

Compréhension du texte

1 VRAI. *"Un Français sur dix"*

2 FAUX. L'obésité chez les moins de dix ans en France est assez fréquente.

"15% d'enfants de moins de dix ans"

3 VRAI. *"les heures passées devant la télévision et les jeux vidéo..."*

Le problème est dû aussi aux gènes, aux mauvaises habitudes alimentaires et au manque d'exercice.

4 FAUX. Il y a plus de gens obèses aux Etats-Unis qu'en France.

"Un Français sur dix est obèse... encore loin des Etats-Unis avec ses 30% d'adultes atteints d'obésité."

5 VRAI. *"si la progression actuelle en France continue..."*

6 FAUX. Il y a moins d'obèses chez les femmes que chez les hommes.

"Quant au pourcentage d'obèses, plus important chez les hommes que chez les femmes..."

Exercice 4

Compréhension du texte

1 If the current increase in the rate of obesity continues then in 2020 France will reach the same figure as the USA of about 30% of the adult population being obese.

2 Here are three worked examples:

Height: 1.6m, weight: 54kg.
IMC = 54/2.56 = 21.09 – normal weight

Height: 1.8m, weight: 88kg.
IMC = 88/3.24 = 27.16 – overweight

Height: 1.72m, weight: 95kg.
IMC = 95/2.96 = 32.09 – obese

3 Heart (cardiac) and vascular problems (such as high blood pressure), diabetes, osteoarthritis, digestive and respiratory problems and some types of cancer.

4 Currently there does not appear to be any link between excess weight and social class/geographical region. No sector is spared. However before 2000 the south-east of France and L'Ile de France (that is, Paris and its seven surrounding departments) were not as affected as other areas. In the past it was also the case that there were more obese people among craftsmen, shopkeepers, manual workers and farmers. However, within the last five years the incidence of obesity in people in senior management and professional posts has risen from 5.5% to 8.3%. (The implication is that obesity is something that can affect anyone these days.)

5 Lifestyle plays a big part. Factors such as whether one has a sedentary lifestyle and what one's eating habits are also play a part.

6 More healthily. A study involving thousands of French people that was conducted over several years showed a marked improvement in eating a balanced diet. The French are eating yoghurt, fruit and soup more regularly, and are eating fewer fatty foods. They do, however, still eat too much saturated fat in dairy products, sweets and Viennese pastries.

7 The difference is due to the fact that men tend to drink more fizzy drinks and alcohol (wine and beer).

8 Yoghurts, fruit, soups, foods that are not high in fat and food made from fresh ingredients (ready-made meals are more fattening).

9 Walking for forty-five minutes per day, reducing their calorie intake, burning off their calories (i.e. taking exercise)

Exercice 5

Réutilisation de vocabulaire

En France, plus d'**un tiers** des 26 à 75 ans (32,2%) se déclarent actuellement fumeurs. **En moyenne**, les fumeurs réguliers consomment 15,2 cigarettes par jour.

Qu'en est-il des jeunes? Les chiffres montrent que le nombre de jeunes fumeurs en France a **diminué** au cours des années. De 1977 à 1991, la **proportion** de fumeurs a nettement diminué **chez** les filles et les garçons. Parmi les 12 à 18 ans le nombre de fumeurs **est passé de** 43% **à** 29% chez les filles et de 48 **à** 31% chez les garçons. Malgré cette **réduction** il reste beaucoup à faire.

En France le tabagisme est la première cause de mortalité évitable. Une étude récente a révélé une **forte progression de cas** mortels de cancer des poumons. **Entre** 1980 et 2000 le **taux** de mortalité chez les femmes dû au tabagisme en France a **augmenté** de plus de 50%, tandis que chez les hommes on a vu une augmentation de **presque** 50%. S'il n'y a pas d'**amélioration** on prédit qu'en 2015 **six fois plus** de femmes (12 000) mourront du cancer des poumons qu'en 1980.

Exercice 7

Passage à l'écrit

This model essay is one example of the way that you might have tackled this task. No doubt your own essay will be very different. Read this one carefully, note how the vocabulary and expressions that you worked on in the unit have been re-used and make a note of any useful phrases that would have made your own essay better. You were asked to use some of the language of statistics from the unit. The phrases that we have used are shown in bold type, as are some of the expressions given in the *Carnet de notes* section.

La forte progression de cas d'obésité actuellement en Angleterre inquiète beaucoup le gouvernement et les médecins. Le problème est pire en Angleterre qu'ailleurs en Europe. Selon les études **le taux d'**obésité a triplé **en l'espace de** vingt ans et il continue à **augmenter**.

En 1980 8% des femmes et 6% des hommes étaient obèses tandis qu'aujourd'hui **presque deux tiers des** hommes et **plus de la moitié des** femmes sont en surcharge pondérale et **une personne sur cinq** (donc 20%) est obèse. Ces statistiques sont alarmantes. Si cette situation continue à progresser **environ un tiers de** la population adulte et **plus de la moitié des** enfants seront obèses en 2020.

Une étude menée cette année démontre que ce problème n'épargne aucune catégorie de la société et aucune région du pays. Cependant **nous ne sommes pas tous égaux face à** l'obésité. Il paraît que certaines éthnies sont plus affectées et **on n'étonnera personne en affirmant que** les gens de milieux moins favorisés sont plus atteints que ceux des milieux plus favorisés.

Les causes principales de ce phénomène indésirable sont bien connues: la sédentarité et les changements dans nos habitudes alimentaires. Les jeunes d'aujourd'hui mènent une vie beaucoup plus sédentaire qu'autrefois. Leurs parents les emmènent en voiture au collège, chez leurs amis, au centre-ville, etc. Ils passent énormément de temps devant la télévision ou à l'ordinateur. Le gouvernement a pris des mesures pour que tous les jeunes fassent au moins deux heures de sport par semaine à l'école, mais ceci est dérisoire. **Quant aux** mauvaises habitudes alimentaires, le gouvernement parle d'**améliorer** la qualité des repas servis aux enfants à l'école, mais n'importe quel écolier vous dira que **la proportion de** matières grasses, de sel et de sucre n'a pas beaucoup **diminué** et **la proportion de** fruits et légumes frais n'a pas beaucoup **augmenté**...

8 L'importance du look pour les jeunes

ARTICLE

UN LOOK D'ENFER!

A en juger par les tableaux de Rubens les belles femmes de l'époque baroque avaient de grosses cuisses, un ventre gonflé et... pas mal de cellulite. Par contre, les nymphes médiévales étaient filiformes: image à laquelle on est revenu avec les top-models anorexiques des années 2000. Du coup, 60% des adolescentes en France se trouvent trop grosses. Et cette préoccupation va les poursuivre toute leur vie, bien plus que les hommes, dont seulement 30% s'estiment trop gros. Par contre, chez les garçons, c'est être de petite taille qui entraîne un certain désespoir. Pour correspondre aux canons de la beauté il faut être grand et baraqué, somme toute être bâti sur le modèle des sportifs olympiques et des stars du cinéma américain.

Bien entendu, les vêtements à la mode ne viennent pas au secours des silhouettes peu gracieuses: uniforme incontournable, le jean est impitoyable quand on a les fesses plates pour un garçon, ou les hanches fortes pour une fille. Alors souvent, on essaye de compenser en se faisant remarquer: les cheveux rouges, du framboise au grenat, en passant par le ton cannelle pour les filles, du blond blé au vert kaki pour les garçons, les baskets pas lacés, le pantalon qui laisse voir le caleçon ou le string et qui tire-bouchonne sur les chevilles, les tatouages et le piercing, tout est bon pour se fabriquer un look d'enfer.

Chez les garçons les tatouages sont souvent grands et agressifs, tribaux, placés sur les bras, au vu et au su de tout le monde, pour affirmer la virilité ou tout simplement se créer une identité. Par contre, chez les filles ils sont généralement petits et représentent des motifs figuratifs. Parce qu'ils sont souvent tendres et placés dans des endroits discrets, ils érotisent une cheville, un nombril, une épaule. Le piercing, quant à lui, est très évident: nez, sourcils, oreilles, langue, il est là pour se faire remarquer. Et pourtant, tel un bijou, il peut être enlevé pour un oral d'examen ou un entretien d'embauche. Le tatouage, lui, est un maquillage définitif.

Mais on peut compenser un physique ingrat en s'exprimant d'une autre façon: dans ses études, le sport, la musique, un investissement dans une association caritative. La créatrice du cabinet Look Conseil à Paris, s'exprime ainsi: *«Un homme, une femme, c'est aussi un ton de la voix, une énergie dans le regard, un charisme, un choix vestimentaire, une manière de bouger.» Chacun a une certaine beauté: il suffit de savoir la mettre en valeur. L'essentiel est d'être bien dans sa peau et de se rappeler deux choses importantes: que ce ne sont pas automatiquement les plus favorisés physiquement qui trouvent le bonheur; et surtout que les 'pas beaux' sont toujours très beaux pour quelqu'un! Si on apprend à accepter ses imperfections on acceptera celles de l'autre et un (beau) jour, on découvrira l'âme sœur... Par la magie de l'amour, la petite boulotte sera, tout d'un coup, tellement attendrissante, et l'échalas deviendra touchant quand il se penchera sur sa copine. Et comme le chantait Georges Brassens «les amoureux qui se bécotent sur les bancs publics... en se fichant pas mal du regard oblique des passants honnêtes... les amoureux qui se bécotent sur les bancs publics... ont des petites gueules bien sympathiques!»

* Propos recueillis par le magazine *Phosphore*, juillet 2002

motifs figuratifs	easily recognizable pictorial representations of, for example, birds, animals and flowers.
ont des petites gueules bien sympathiques	have an endearing look about them.

Note that the slang word *gueule* (face or mouth) is usually vulgar and derogatory (e.g. *ferme ta gueule* – shut your face). In this expression, however, it does not have these connotations. We suggest that you avoid using the word altogether so as not to make any gaffes!

Exercice 1

Compréhension des mots-clés

Trouvez les mots correspondants aux parties du corps indiquées par les flèches.

cuisse, ventre, cheveux, cheville, bras, nombril, épaule, nez, sourcil, oreille, œil, genou, jambe, hanche, menton

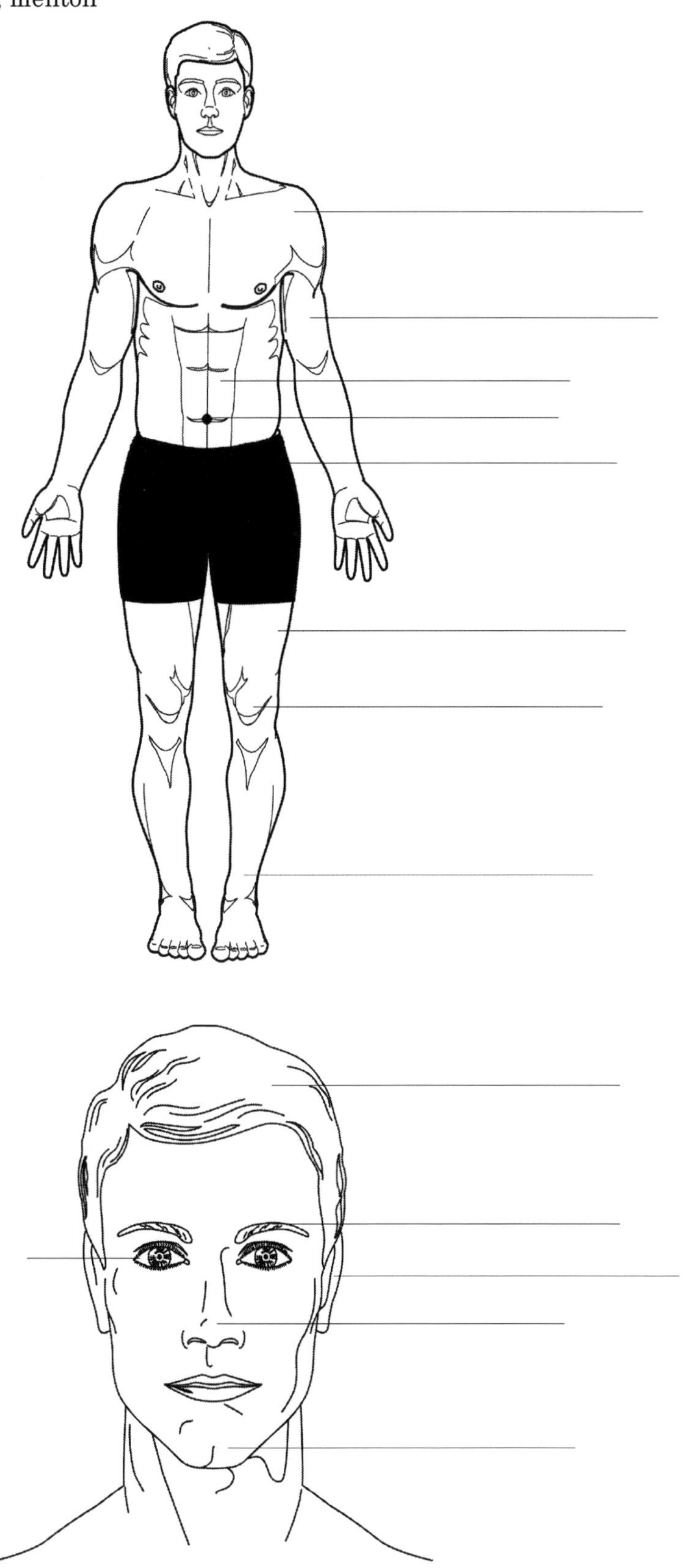

Exercice 2

Compréhension des mots-clés

Lisez le texte une fois en entier sans vous aider du dictionnaire. Ensuite trouvez le mot ou l'expression en anglais dans la colonne de droite qui correspond au mot ou à l'expression du texte dans la colonne de gauche. Ces derniers sont donnés dans l'ordre où ils apparaisssent dans le texte.

MOT OU EXPRESSION DU TEXTE	EQUIVALENT EN ANGLAIS
1 un look d'enfer	a) inescapable/essential
2 gonflé	b) bulging
3 filiformes	c) muscly (slang)
4 s'estiment	d) merciless
5 de petite taille	e) make the most of it
6 entraîne	f) a super-cool image
7 canons de la beauté	g) figures
8 baraqué	h) accepted norms of beauty
9 silhouettes	i) for all to see
10 incontournable	j) not caring a jot about...
11 impitoyable	k) job interview
12 ton cannelle	l) spindly
13 caleçon	m) endearing
14 string	n) boxer shorts
15 Tire-bouchonne sur...	o) soul mate
16 au vu et au su de tout le monde	p) unattractive
17 tel	q) kiss (slang)
18 entretien d'embauche	r) thong / G-string
19 ingrat	s) to feel good about oneself
20 le mettre en valeur	t) beanpole
21 être bien dans sa peau	u) consider themselves to be
22 âme sœur	v) shade of cinnamon
23 petite boulotte	w) bunch around...
24 attendrissante	x) little fatty (slang)
25 l'échalas	y) short
26 se bécotent	z) leads to
27 en se fichant...du	aa) like

Exercice 3

Compréhension du texte

Relisez le texte en vous aidant du vocabulaire des exercices 1 et 2. Ensuite répondez en anglais aux questions suivantes.

1 In your opinion, does the writer of this text think that physical beauty is the most important thing in a person's life or not?
2 In the Baroque and Middle Ages what were the hallmarks of beauty in a woman?
3 In what way are 60% of adolescent girls in France dissatisfied with their look, and is it likely to change with age?
4 In what way does the situation differ for French men?
5 What is the most common cause of despair about their physique for adolescent boys, and how do they envisage the ideal body?
6 When, according to the text, are jeans not flattering to the figure?
7 Explain in detail how some young people try to make up for not having a good figure.
8 In what ways do male and female patterns of tattooing tend to differ?
9 Why do people have their bodies pierced?
10 In what vital way do body piercing and tattooing differ, and in what circumstances might this be important?
11 Apart from changing one's look, how else can one compensate for an unattractive physique?
12 What characteristics other than physical beauty does the founder of 'Look Conseil' in Paris remind us are important?
13 In your own words detail the main points made from 'Chacun a une certaine beauté' to '...sur sa copine'.
14 Translate the lines from the Georges Brassens' song at the end of the text.

Exercice 4

Réutilisation du vocabulaire

Complétez le texte à l'aide des mots de l'encadré.

Que signifie avoir un look ____________________ pour les jeunes aujourd'hui? La forme du ____________________ compte d'abord. Les filles veulent ressembler aux top-models aux ____________________ minces sinon anorexiques, et les garçons aux ____________________ olympiques grands et ____________________. Pour les filles qui ont un gros ____________________ et de grosses ____________________ et les garçons qui ont les ____________________ plates et qui sont ____________________, c'est la catastrophe! Viennent ensuite les ____________________ à la mode. On ne met plus des vêtements pour ____________________ mais pour montrer à quel groupe on appartient. Même les sous-vêtements se laissent voir le ____________________ de marque pour les garçons et le ____________________ minuscule pour les filles. Et il ne faut pas oublier les autres éléments essentiels pour avoir le look: pour les garçons un grand tatouage ____________________ et un piercing au ____________________ et pour les filles peut-être un petit tatouage ____________________ ou un piercing au ____________________ ou au nez.

baraqués ● discret ● de petite taille ● sportifs ● fesses ● nombril ● corps ● cuisses ● sourcil ● vêtements ● silhouettes ● string ● ventre ● caleçon ● d'enfer ● s'habiller ● au vu et au su de tout le monde

OBSERVATIONS LINGUISTIQUES

Observations linquistiques

Two uses of the future tense

***si* + present + future**

Look at this sentence from the text:

Si on apprend *à accepter ses imperfections* ***on acceptera*** *celles de l'autre...*
If you learn to accept your own imperfections **you will learn** to accept those of other people...

The choice of tenses for this type of construction should not cause you difficulties as it is exactly the same as in English. Here are a couple more examples:

Si tu fais *un bon choix vestimentaire tu auras l'air cool.*
If you choose your clothes well you'll look cool.

Si je vais *à un entretien d'embauche* ***je cacherai*** *mon tatouage.*
If I go to a job interview **I will hide** my tattoo.

The use of the future tense after *quand, dès que, aussitôt que* and *lorsque*

Look at this sentence from the text:

... et l'échalas deviendra touchant ***quand*** *il* ***se penchera*** *sur sa copine.*
... and the beanpole will look really sweet **as/when** he **bends** over his girlfriend.

You will see that in the French sentence the verb following *quand* is in the future tense, whereas in English it is in the present tense. If you think about it, the use of the future tense in French is quite logical. The action has not yet happened, but will happen in the future. Here are some more examples:

Quand j'irai *passer les oraux je ne* ***mettrai*** *pas mon jean qui tire-bouchonne sur les chevilles.*
When I go to take my oral exams I **won't** wear the jeans that bunch around my ankles.

Tu pourras te faire percer les oreilles ***quand*** *tu* ***auras 16*** *ans.*
You can have your ears pierced **when** you **are** 16.

Note that the same rule applies when a clause with *dès que, aussitôt que* or *lorsque* refers to the future tense.

Je suis sûre que je crierai ***dès que*** *le tatoueur* ***sortira*** *l'aiguille.*
I'm sure that I'm going to yell **as soon as** the tattoo artist **gets out** the needle.

Aussitôt que *tu le* ***verras,*** *appelle-moi.*
The moment you **see** him, call me.

Je sais qu'il se sentira mieux dans sa peau ***lorsque*** *sa copine* ***sera*** *là.*
I know that he'll feel more at ease with himself **when** his girlfriend **is** here.

Note: When deciding whether to use the future tense after *quand* you'll have to stop and think of the meaning of the sentence and when the action is going to take place. Don't forget that there are cases where the future tense is not used after *quand, dès que, aussitôt que* or *lorsque*. This is when

- these conjunctions can be translated by 'whenever':

J'ai horreur des tatouages de mon frère. Je ferme les yeux ***quand*** *il* ***enlève*** *son T-shirt.*
I hate my brother's tattoos. I close my eyes **when(ever)** he **takes** off his T-shirt.

or

- when the clause is simply stating an enduring fact or situation:

Le jean est impitoyable ***quand*** *on* ***a*** *les fesses plates.*
Jeans are merciless **when** you **have** a flat bum.

Exercice 5

Réutilisation du vocabulaire et du futur

Traduisez en français les phrases suivantes. Vous trouverez dans le texte la plupart des mots et expressions dont vous avez besoin.

1. If you have khaki green hair and trainers that are not laced up your teacher will think that you are not studious.
2. If I have a tattoo on my ankle I will be able to hide it easily.
3. If you think that you're too fat now this preoccupation will dog you all your life.
4. When she feels at ease with herself she'll meet her soul mate.
5. When you do some sport or music you will feel better.
6. When you're older you'll be muscular like daddy.

Exercice 6

Carnet de notes

Trouvez dans le texte les mots de liaison et les expressions qui suivent et notez-les. Vous pourrez ensuite les réutiliser dans vos rédactions ou dans vos discussions en français:

à en juger par	judging by
du coup	as a result
par contre	on the other hand
somme toute	all in all
bien entendu	of course
du... au... en passant par...	from... to... through/via...
quant à	as for
il suffit de...	all you have to do is...
l'essentiel est de...	the main thing is to...
et comme le chantait/(disait) X	and as X sang/(said)

Exercice 7

Passage à l'écrit

Ecrivez une rédaction de 200 à 300 mots où vous expliquerez quelle est l'importance du look pour vous et vos amis et direz pour quelles raisons. Utilisez les mots et expressions appris dans cette unité et au moins trois constructions où l'utilisation du futur est nécessaire.

Corrigés et Explications

Exercice 1

Compréhension des mots-clés

NOTE
les fesses = buttocks
la langue = tongue

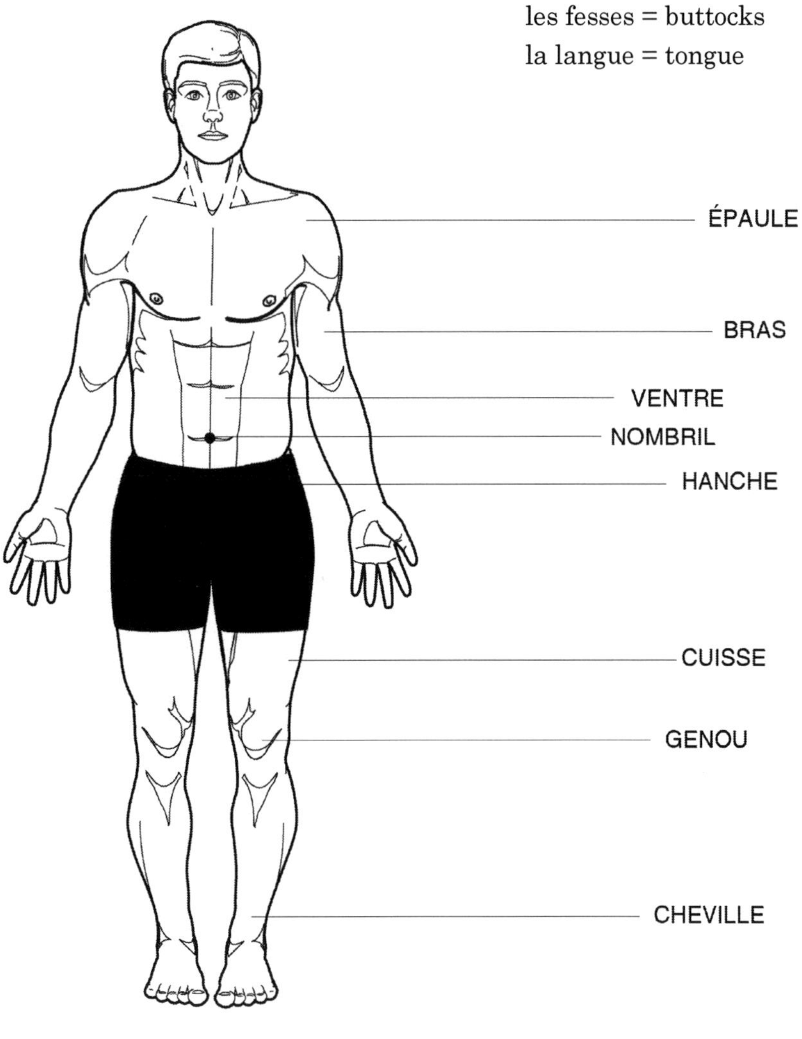

ÉPAULE
BRAS
VENTRE
NOMBRIL
HANCHE
CUISSE
GENOU
CHEVILLE

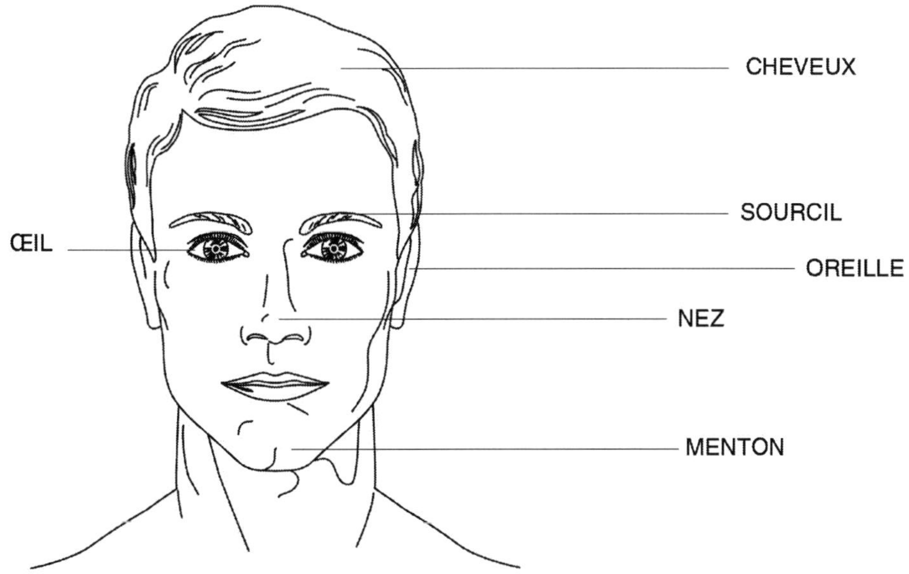

CHEVEUX
SOURCIL
ŒIL
OREILLE
NEZ
MENTON

Exercice 2

Compréhension des mots-clés

MOT OU EXPRESSION DU TEXTE	EQUIVALENT EN ANGLAIS
1 un look d'enfer	f) a super-cool image
2 gonflé	b) bulging
3 filiformes	l) spindly
4 s'estiment	u) consider themselves to be
5 de petite taille	y) short
6 entraîne	z) leads to
7 canons de la beauté	h) accepted norms of beauty
8 baraqué	c) muscly (slang)
9 silhouettes	g) figures
10 incontournable	a) inescapable/essential
11 impitoyable	d) merciless
12 ton cannelle	v) shade of cinnamon
13 caleçon	n) boxer shorts
14 string	r) thong / G-string
15 tire-bouchonne sur	w) bunch around
16 au vu et au su de tout le monde	i) for all to see
17 tel	aa) like
18 entretien d'embauche	k) job interview
19 ingrat	p) unattractive
20 le mettre en valeur	e) make the most of it
21 être bien dans sa peau	s) to feel good about oneself
22 âme soeur	o) soul mate
23 petite boulotte	x) little fatty (slang)
24 attendrissante	m) endearing
25 l'échalas	t) beanpole
26 se bécotent	q) kiss (slang)
27 en se fichant…du	j) not caring a jot about…

Exercice 3

Compréhension du texte

1 No, not at all. (The answers to questions 12 and 13 make that explicit, but the whole flavour of the text reinforces the idea)

2 In the Baroque period women had large thighs, fat tummies and quite a lot of cellulite. In the Middle Ages, nymphs looked spindly – very like the anorexic-looking top models of today.

3 60% of them think that they are too fat and are likely to think so for the rest of their life.

4 Only 30% of them think that they are too fat.

5 Being short is the most common cause of despair for adolescent boys. *(...chez les garçons, c'est d'être de petite taille qui entraîne un certain désespoir.)* They envisage the ideal male body as being tall and muscly like Olympic sportsmen and American film stars.

6 They don't flatter boys who have flat bottoms and girls who have large hips.

7 Some people try to compensate for not having a good figure by drawing attention to themselves in other ways. Girls colour their hair all different shades from raspberry red to dark red through other shades such as cinnamon. Boys dye theirs all shades from straw blond to khaki green. They wear their trainers without doing up the laces, their trousers so that their boxer shorts or thong show and the bottoms of the trousers bunch around the ankles. They also get tattooed or have parts of their bodies pierced. They try anything to look cool.

8 Boys' tattoos are often large, aggressive and tribal. They are often on their arms where everyone can see them. They assert their virility or simply help to create an identity. By contrast, girls' tattoos are generally small and show images such as birds, animals or flowers. They often have a gentle feel about them and are in discreet places. They make an ankle, navel or shoulder more erotic.

9 So that they will be noticed. *(le piercing... est là pour se faire remarquer)*

10 Body piercing gives you the same freedom as you have with jewellery. It can be removed if you go to an oral exam or a job interview. Tattooing, however, is permanent.

11 By expressing oneself in other ways, such as in one's studies, sport, music, or by doing voluntary work for a charity.

12 She reminds us that our tone of voice, the vitality in our expression, personal charisma, choice of clothes and way of moving all contribute to the people we are.

13 Everyone is beautiful in one way or another, we just have to learn how to bring out that beauty. The main thing is to feel at ease with oneself. Two things to remember are a) that it's not always the most physically attractive people who find happiness, and b) that those who are generally thought of as being unattractive are always very attractive to someone. If we learn to accept our imperfections we'll then accept those of others and one day we'll find our soul mate. Through the magic of love the girl who everyone thought of as the 'little fatty' will suddenly become really touching (i.e. someone will find her charming and attractive) and the beanpole will look really sweet as he bends over his girlfriend.

14 Lovers who kiss on park benches... not caring a jot about the sidelong glances from passers by... lovers kissing on park benches... have an endearing look about them.

Exercice 4

Réutilisation de vocabulaire

Que signifie avoir un look **d'enfer** pour les jeunes aujourd'hui? La forme du **corps** compte d'abord. Les filles veulent ressembler aux top-models aux **silhouettes** minces sinon anorexiques, et les garçons aux **sportifs** olympiques grands et **baraqués**. Pour les filles qui ont un gros **ventre** et de grosses **cuisses** et les garçons qui ont les **fesses** plates et qui sont **de petite taille**, c'est la catastrophe! Viennent ensuite les **vêtements** à la mode. On ne met plus des vêtements pour **s'habiller** mais pour montrer à quel groupe on appartient. Même les sous-vêtements se laissent voir – le **caleçon** de marque pour les garçons et le **string** minuscule pour les filles. Et il ne faut pas oublier les autres éléments essentiels pour avoir le look: pour les garçons un grand tatouage **au vu et au su de tout le monde** et un piercing au **sourcil** et pour les filles peut-être un petit tatouage **discret** ou un piercing au **nombril** ou au nez.

Exercice 5

Réutilisation du vocabulaire et du futur

1 Si tu as les cheveux vert kaki et les baskets pas lacés le prof pensera que tu n'es pas studieux.

2 Si j'ai un tatouage à la cheville je pourrai le cacher facilement.

Remember that when referring to parts of the body in French you don't talk about 'my' ankle, but 'the' ankle.

3 Si tu te trouves trop grosse maintenant cette préoccupation te poursuivra toute ta vie.

If you found the second part of the sentence difficult look back at the text where you'll see an almost identical phrase.

4 Quand elle se sentira bien dans sa peau elle rencontrera l'âme sœur.

Note that in French you don't say 'her' soul mate, but simply 'the' soul mate *(l'âme sœur).*

5 Quand vous ferez / tu feras du sport ou de la musique vous vous sentirez / tu te sentiras mieux.

6 Quand tu seras plus grand tu seras baraqué / musclé comme papa.

Exercice 7

Passage à l'écrit

This model essay (written by a girl) is one example of the way that you might have tackled this task. No doubt your own essay will be very different. Read this one carefully, note how the vocabulary and expressions that you worked on in the unit have been re-used and make a note of any useful phrases that would have made your own essay better. The future tenses that we have used are shown in bold type, as are some of the expressions given in the *Carnet de notes* section.

Pour moi le look est primordial. Je ne sors jamais de la maison sans réfléchir à ce que je vais mettre et sans me maquiller. **Bien entendu** je surveille ce que je mange aussi, pour ne pas prendre de poids. Toutes mes copines en font autant, parce qu'on sait que si on veut faire partie du groupe il faut faire un effort. **Si une fille ne fait pas attention** à ce qu'elle porte, par exemple, **elle ne trouvera jamais** de copain, tandis que même si une fille a un physique ingrat, **si elle fait attention** au look, **si elle s'habille bien et se soigne, elle finira** par trouver un copain. **Il suffit de** faire un effort.

Je sais très bien qu'on dit que c'est la personnalité qui compte, et qu'on ne devrait pas juger les personnes d'après leur look, mais autour de moi c'est exactement ce que font les gens. Les jeunes qui se fichent du look et de leur silhouette ne sont jamais intégrés dans le groupe 'cool' et **du coup** se sentent exclus. Je ne m'estime pas vraiment superficielle, mais pour être bien dans ma peau je dois faire partie du groupe et donc j'entre dans le 'jeu du look'.

Peut-être que **lorsque je serai** plus mûre et **lorsque j'aurai** plus confiance en moi **je penserai** autrement mais j'ai tellement l'habitude de faire attention au look que je crois que même quand **je serai** vieille **je continuerai** à en faire autant!